C.H.BECK ■ **WISSEN**

W0195370

Das Ziel von Klimapolitik besteht darin, die Folgen des Klimawandels zu begrenzen. Kaum ein Politikbereich ist so sehr abhängig von der Wissenschaft. Das hat auch einen Vorteil: Wissenschaftliche Erkenntnisse kann man nicht mit einem bloßen Machtwort manipulieren. Regierungen können in der Debatte mit der Wissenschaft nicht mehr ausschließlich auf Macht und Interesse rekurrieren, sondern müssen sich auf Wahrheit, Objektivität, Fakten und Werte beziehen. Noch hat die Menschheit wenig Erfahrung mit der gerechten und effizienten Nutzung globaler Gemeinschaftsgüter. Daher kommt der Klimapolitik eine besondere Bedeutung zu, denn sie hat für die internationale Kooperation auf vielen Feldern eine Vorbildfunktion.

Prof. Dr. Ottmar Edenhofer ist Lehrstuhlinhaber für die Ökonomie des Klimawandels an der TU Berlin, stellv. Direktor und Chefökonom am Potsdam-Institut für Klimafolgenforschung und Direktor des Mercator Research Institute on Global Commons and Climate Change (MCC). Von 2008 bis 2015 war er einer der Vorsitzenden des Weltklimarates (IPCC). Unter seiner Leitung entstand der IPCC-Sonderbericht zu erneuerbaren Energien und der Vermeidung des Klimawandels (SRREN) sowie der Fünfte Sachstandsbericht «Climate Change 2014: Mitigation of Climate Change» des Weltklimarates. Bei C.H.Beck ist von ihm als Mitherausgeber lieferbar: *Global, aber gerecht. Klimawandel bekämpfen, Entwicklung ermöglichen* (2000).

Dr. Michael Jakob arbeitet am Mercator Research Institute for Global Commons and Climate Change (MCC) mit den Forschungsschwerpunkten Klimapolitik in Entwicklungsländern, Infrastrukturpolitik sowie Wirtschaftswachstum.

Ottmar Edenhofer/Michael Jakob

KLIMAPOLITIK

Ziele, Konflikte, Lösungen

Verlag C.H.Beck

Mit 14 Abbildungen und 2 Tabellen im Text

Für Annette, Sarah und Jacob (OE)
Für Evelyn, Hans und Rike (MJ)

Originalausgabe
© Verlag C.H.Beck oHG, München 2017
Satz, Druck und Bindung: Druckerei C.H.Beck, Nördlingen
Umschlaggestaltung: Uwe Göbel, München
Umschlagabbildung: Sonnenprotuberanz, © IAM/akg-images
Printed in Germany
ISBN 978 3 406 68874 4

www.chbeck.de

Inhalt

Vorwort

Dieses Buch bietet eine knappe Übersicht über die Klimapolitik. Es will den Leser in die daraus erwachsenden Konflikte und die Möglichkeiten ihrer Überwindung einführen. Unser Ziel ist es, den aktuellen Stand der Forschung in allgemein verständlicher Sprache darzustellen, ohne dabei die komplexen Zusammenhänge, die es zur Vermeidung des Klimawandels zu berücksichtigen gilt, so zu vereinfachen, dass sie den Eindruck falscher Sicherheit erwecken. Die Kolleginnen und Kollegen am Mercator Research Institute on Global Commons and Climate Change (MCC) und am Potsdam-Institut für Klimafolgenforschung (PIK) haben uns durch ihre Forschungen und in vielen produktiven Diskussionen geholfen, das Problem der Klimapolitik besser zu verstehen. Die Arbeit mit vielen Forschern weltweit, vor allem mit den Autorinnen und Autoren des Intergovernmental Panel on Climate Change (IPCC), haben unsere Argumente geschärft und uns ermöglicht, die Grenzen unserer eigenen Expertise zu überschreiten. Die Fehler des Buches gehen zu unseren Lasten. Die Begegnung mit Menschen, die schon heute an den Folgen des Klimawandels, unter schlechten Regierungen und unter wuchernder Korruption leiden, hat uns motiviert, dieses Buch zu schreiben.

Zur Entstehung dieses Buchs haben zahlreiche Kollegen durch inhaltliche und stilistische Vorschläge beigetragen. Hierfür danken wir Annette und Jacob Edenhofer, Christian Flachsland, Sabine Fuss, Lion Hirth, Brigitte Knopf, Nicolas Koch, Ulrike Kornek, Fabian Löhe, Jan Minx, Michael Pahle und Rike Schweizer. Wir danken Susanne Stundner für gründliches Korrekturlesen und Kay Schröder für die Erstellung der Abbildungen.

Wie dieses Buch aufgebaut ist

Hitzetote in Pakistan, Überschwemmungen in Russland, Dürren in Kalifornien, schmelzende Gletscher, Ernteverluste und ein Jahrhundertwein im Rheingau 2015, einem der wärmsten Jahre seit dem Beginn der Klimaaufzeichnungen: Das sind schon heute erste Anzeichen des Klimawandels. Selbst wenn sich kein einzelnes dieser Ereignisse mit Sicherheit auf die globale Klimaveränderung zurückführen lässt, wird doch ihr Auftreten mit dem Anstieg der globalen Mitteltemperatur sehr viel wahrscheinlicher. Die globale Erwärmung ist zu einem großen Teil auf die Verbrennung von Kohle, Öl und Gas zurückzuführen. Das Ziel der Klimapolitik lässt sich daher klar formulieren: Die Nutzung der fossilen Energieträger muss begrenzt werden, um die Folgen des Klimawandels abzumildern. Der Weltklimarat (Intergovernmental Panel on Climate Change, IPCC) hat in einem dreißigjährigen Indizienprozess nachgewiesen, dass wir durch die Verbrennung der fossilen Energieträger, andere Treibhausgasemissionen und durch die Abholzung der Wälder bereits heute für einen Temperaturanstieg von ungefähr 0,8 °C verantwortlich sind. Die Menschheit muss sich daher Rechenschaft darüber ablegen, in welchem Umfang sie den zukünftigen Klimawandel begrenzen kann und will.

Dieser Frage widmet sich unser Buch. Es bietet eine Übersicht über die Ziele der Klimapolitik, zeigt Konfliktlinien in der wissenschaftlichen Analyse auf und diskutiert Lösungsansätze. Es unterscheidet sich damit von den naturwissenschaftlichen Einführungen in den Klimawandel. Wir zeigen, nach welchen Kriterien man entscheiden kann, wie viel Klimaschutz betrieben wird, welche Techniken dabei zum Zuge kommen und welcher Politiken es bedarf. Daher sprechen wir in diesem Buch nicht nur von Fakten, sondern gleichermaßen von Werten.

In Kapitel 1 wird erklärt, warum es einer ambitionierten Klimapolitik bedarf und wie sie gerechtfertigt werden kann. Was ist unter gefährlichem Klimawandel zu verstehen, und welche Optionen stehen uns zur Verfügung, um diesen abzuwenden? In der Klimapolitik muss das Risiko gefährlichen Klimawandels abgewogen werden gegen die Risiken der Emissionsvermeidung. Das Konzept der klimapolitischen Wette zeigt, dass Klimapolitik Risikomanagement ist und gerade aus diesen Gründen eine ambitionierte Klimapolitik gerechtfertigt werden kann.

In Kapitel 2 legen wir eine Bestandsaufnahme der Klimapolitik vor. Diesen Status quo vergleichen wir mit den klimapolitischen Zielen, wie sie in Paris vereinbart wurden, um daraus den zukünftigen Handlungsbedarf abzuleiten. Um die Kluft zwischen dem, was ohne Klimaschutzmaßnahmen geschehen würde, und dem, was geschehen müsste, um gefährlichen Klimawandel abzuwenden, zu überbrücken, bedarf es eines grundlegenden Umbaus des Energiesystems und der Landnutzung.

Dieser Umbau kann jedoch nur gelingen, wenn auch die Fundamente von Wirtschaft und Gesellschaft erneuert werden. Damit setzen wir uns in Kapitel 3 auseinander. Dabei geht es vor allem um Techniken, Risiken und Kosten der Emissionsvermeidung. Wir zeigen, dass es nicht die Welt kostet, den Planeten zu retten, und sich daher eine ambitionierte Klimapolitik begründen lässt. Auch wenn die Kosten des Klimaschutzes tragbar sind, sind die politischen Herausforderungen dennoch gewaltig.

In Kapitel 4 skizzieren wir, wie die internationale und die nationale Klimapolitik ausgestaltet werden können. Warum ist es so schwierig, ein internationales Abkommen abzuschließen und welchen klimapolitischen Handlungsspielraum haben Nationalstaaten? Wir zeigen Wege aus der Sackgasse, in die sich die europäische und deutsche Klimapolitik manövriert haben.

Die internationale Klimapolitik hat sich im Weltklimarat ein einzigartiges Gremium geschaffen, das für ihre Agenda von fundamentaler Bedeutung ist. Das ist Grund genug, diese Institution und die Rolle der Wissenschaft in der Politikberatung im letzten Kapitel darzustellen.

Wir verzichten im Text auf Literaturangaben, da die wissenschaftliche Literatur in den letzten Jahren explosionsartig gewachsen ist. Stattdessen findet der Leser im Literaturanhang Angaben zu weiteren Einführungen in die Thematik, zu Überblicksaufsätzen, aber auch zu wichtigen Aufsätzen der Fachliteratur, die eine weitere Orientierung ermöglichen sollen.

I. Das Klimaproblem und die Klimapolitik

Welche Risiken birgt der Klimawandel?

Die Ozeane, die Atmosphäre, die Böden und die Wälder sind Lagerstätten für Treibhausgase – man nennt sie auch die globalen Senken. Treibhausgase, die in die Atmosphäre abgelagert werden, haben dort eine Verweildauer von Tausenden von Jahren. Daher füllen sich diese Lagerstätten von Jahr zu Jahr, weil der Bestand der Treibhausgase zunimmt. Je höher dieser Lagerbestand ist, desto höher ist auch die Konzentration von Treibhausgasen in der Atmosphäre. Vor der Industriellen Revolution lag die Treibhausgaskonzentration noch bei etwa 280 ppm. Die Abkürzung «ppm» steht für «parts per million», also die Anzahl an Treibhausgasmolekülen in einer Million Moleküle in der Atmosphäre. Diese Konzentration ist durch die Verbrennung fossiler Rohstoffe, Entwaldung, Landnutzung und industrielle Prozesse stetig gestiegen, derzeit beträgt sie etwa 400 ppm.

Die erhöhte Konzentration der Treibhausgase verändert den Strahlungshaushalt der Erde. Das von der Erde reflektierte Sonnenlicht verbleibt verstärkt in Form von Wärme in der Atmosphäre, so dass sich die globale Mitteltemperatur erhöht. Auch lokale klimatische Bedingungen sind von diesem Anstieg betroffen, ebenso der Wärmetransport über die Zirkulation von Luft und Wasser.

Der Anstieg der globalen Mitteltemperatur birgt beträchtliche Risiken für die Lebensbedingungen auf der Erde. Da die zukünftigen Folgen des Klimawandels nicht mit Sicherheit vorhergesagt werden können, hat der Weltklimarat die Klimafolgen in Risikoklassen eingeteilt, genannt «reasons for concern». Abbildung 1 zeigt die mit dem Anstieg der globalen Mitteltemperatur verbundenen Risiken. In die erste Klasse fallen Risiken etwa für Korallenriffe und die Ökosysteme der Arktis, die bereits bei einem Temperaturanstieg von 1,5 °C bedroht sind. Die

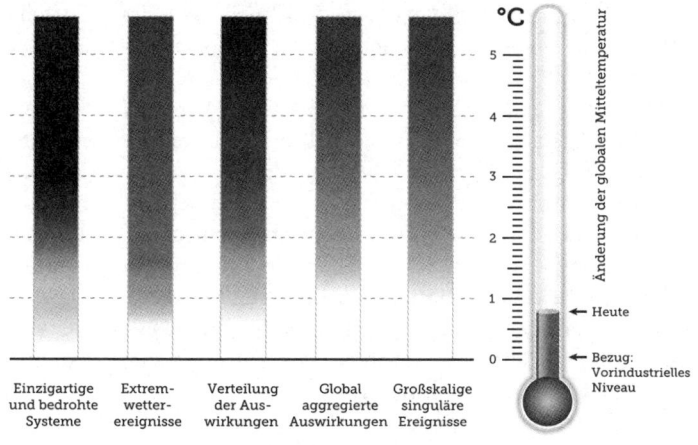

Einzigartige und bedrohte Systeme · Extremwetterereignisse · Verteilung der Auswirkungen · Global aggregierte Auswirkungen · Großskalige singuläre Ereignisse

Zusätzliche Risiken durch Klimawandel

Nicht feststellbar Gering Hoch Sehr hoch

Abb. 1: Anstieg der globalen Mitteltemperatur und die damit
verbundenen Risiken. Quelle: IPCC (2014a)

Häufigkeit und Intensität von Hitzewellen und tropischen Stürmen wird in einer zweiten Risikoklasse analysiert. Die Verteilung der Risiken über Regionen und Einkommensklassen werden in der dritten, die ökonomischen Schäden für die Weltwirtschaft in der vierten Klasse zusammengefasst. Großskalige singuläre Ereignisse für den gesamten Planeten sind etwa der Verlust der polaren Eisschilde. Ihre Wahrscheinlichkeit mag vielleicht gering sein, kann aber mit irreversiblen und drastischen Auswirkungen einhergehen. Es ist bislang unklar, bei welchem Temperaturanstieg mit großskaligen, abrupten und irreversiblen Änderungen im Erdsystem zu rechnen ist. Aber bereits ein Temperaturanstieg von nur 1 °C könnte zum praktisch vollständigen Abschmelzen des Grönländischen Eisschildes führen. Die Freisetzung von Methan, das im Permafrost gebunden ist, würde den Klimawandel womöglich weiter beschleunigen. Korallenriffe in warmen Regionen und das arktische Ökosystem zeigen bereits jetzt erste Symptome irreversibler Zerstörung.

Die Risikoeinschätzungen in Abbildung 1 beruhen auf Expertenmeinungen. Sie gründen sowohl auf der Kenntnis der biophysikalischen Folgen des Klimawandels als auch auf der subjektiven Einschätzung der damit einhergehenden Gefahren und Schäden. Diese Übersetzung von biophysikalischen Wirkungen in Schäden ist unvermeidbar, wenn die Klimafolgen für politische Entscheidungssituationen aufbereitet werden sollen. Entscheidungsträger können sich nur dann mit der Abwehr von Gefahren beschäftigen, wenn sie als solche beschrieben und grundsätzlich vermieden werden können.

So illustriert Abbildung 1, welche Risiken der bereits beobachtete Temperaturanstieg von ca. 0,8 °C gegenüber dem vorindustriellen Niveau mit sich bringen könnte: Veränderte Niederschläge schmälern in vielen Regionen die landwirtschaftlichen Erträge. Die zunehmende Erwärmung und Versauerung der Ozeane beeinträchtigt Meeresorganismen und bedroht damit die Lebensgrundlage vieler Menschen (z. B. die Fischerei). Die Störung des Wasserkreislaufes vermindert die Qualität und Quantität der verfügbaren Wasserressourcen.

Findet die globale Gemeinschaft keinen Weg in eine weltweite, gemeinsame Klimapolitik, ist ein Anstieg der globalen Mitteltemperatur bis 2100 um 3,7 °C bis 4,8 °C wahrscheinlich. Diese Abschätzung beruht auf 300 computergestützten Szenarien internationaler Forschergruppen, die der Weltklimarat zusammengestellt hat. Diese Szenarien gehen davon aus, dass es zu keiner ausreichend ambitionierten Klimapolitik kommt. Sie treffen zugleich unterschiedliche Annahmen über Bevölkerungs-, Wirtschafts- und Technologieentwicklungen, die es erlauben, eine Zukunft ohne Klimapolitik auszuloten.

Mit welchen Gefahren ist in einer Welt zu rechnen, in der die globale Mitteltemperatur 4 °C oder mehr über dem vorindustriellen Niveau liegen wird? Die Zerstörung von Ökosystemen, Artensterben, ein Einbruch der weltweiten Nahrungsmittelproduktion sowie sinkende Arbeitsproduktivität aufgrund hoher

Temperaturen und zunehmender Luftfeuchtigkeit in tropischen Ländern werden wahrscheinlicher. Der Klimawandel dürfte auch unmittelbare Folgen für den Menschen haben. So zeigt eine aktuelle Untersuchung, dass der medizinisch-technische Fortschritt durch den Klimawandel teilweise zunichtegemacht werden könnte. Dieser führt demnach nicht nur zu mehr Herz-Kreislauf-Erkrankungen wie etwa Herzinfarkten, sondern erschwert den Zugang zu sauberem Wasser, verknappt Nahrungsmittel und fördert die Ausbreitung von Krankheitsüberträgern, die vor allem Menschen in armen Ländern schädigen werden. Die Begrenzung des Klimawandels wird daher von vielen Experten als die größte Herausforderung für die Gesundheitspolitik im 21. Jahrhundert bezeichnet.

Was ist mit der Vermeidung gefährlichen Klimawandels gemeint?

Welcher Temperaturanstieg für die Menschheit verkraftbar ist, kann nicht allein aufgrund der naturwissenschaftlichen Klimafolgenforschung entschieden werden, denn Menschen und Gesellschaften können sich bis zu einem gewissen Grad an den Klimawandel anpassen. Anpassungsstrategien sind vor allem kurz- und mittelfristig wirksam: Bewässerungssysteme, höhere Deiche, Küstenschutz und eine widerstandsfähigere Infrastruktur sind nur einige Beispiele dafür. Die Wirksamkeit solcher Maßnahmen lässt sich nur schwer voraussagen, da die Folgen des Klimawandels diese Anpassungsleistungen zunichtemachen können. Es ist daher plausibel, dass bei einem ungebremsten Klimawandel in vielen Regionen der Welt zunächst die Kosten der Anpassung steigen und schließlich deren Grenzen erreicht werden.

Für kleine Inselstaaten oder für die Bewohner der Arktis könnte der Handlungsspielraum schnell erschöpft sein. In heißen Regionen könnte die Arbeit auf dem Bau oder in der Landwirtschaft so unerträglich werden, dass die betroffenen Menschen in die gemäßigteren Zonen überzusiedeln versuchen, um dort eine einträglichere Beschäftigung zu finden. Zwar wird immer wieder behauptet, dass sich beispielsweise Bauern an den Klimawandel auch ohne staatliche Intervention anpassen können, indem sie sich gegen Ernteausfälle versichern oder auf resistentes Saatgut setzen. Auch mag es noch relativ einfach sein, einen Meeresspiegelanstieg von 20 oder 30 cm zu verkraften. Steigt dieser aber um mehrere Meter, helfen wohl keine Dämme mehr; dann müssten ganze Städte umgesiedelt werden. Gerade für viele Megastädte, die am Meer liegen, besteht diese Option jedoch nicht. Es ist auch unwahrscheinlich, dass Pflanzen wie Reis, Mais oder Weizen, die für die Welternährung entscheidend sind, noch ausreichend Erträge liefern, wenn die globale Mitteltemperatur um mehr als 4 °C steigt. Diese Beispiele zeigen, dass die Grenzen der Anpassung selbst für effiziente Stadtregierungen, findige Bauern und kluge Versicherungsunternehmen schnell erreicht sein können. Es wäre daher fahrlässig, würde die Weltgemeinschaft eine ambitionierte Klimapolitik unterlassen, weil sie glaubte, Anpassung sei einfacher und billiger als Vermeidung. Anpassung wird Vermeidung ergänzen müssen – ein Ersatz kann sie nicht sein.

Da sich die Grenzen konventioneller Anpassungsmaßnahmen nicht eindeutig bestimmen lassen, wird über Alternativen dazu diskutiert. Denkbar wäre etwa bei fortschreitender globaler Erwärmung der Einsatz von Technologien, mit deren Hilfe der Strahlungshaushalt der Erde durch Abschirmung einfallenden Lichts direkt gesteuert und der Planet damit abgekühlt werden kann. Ein Beispiel hierfür ist das Einbringen von Rußpartikeln in obere Schichten der Atmosphäre. Ganz zu schweigen davon, dass sich derartige Technologien bislang noch nicht in großem Maßstab anwenden lassen, sind sie auch mit beträchtlichen Risiken behaftet, die wir in Kapitel 3 ausführlicher diskutieren. Es wäre daher unvernünftig, sich lediglich auf Geo-Engineering zu verlassen und auf die Verminderung von Emissionen zur Reduktion der Erderwärmung zu verzichten.

Selbst eine starke Verminderung der Treibhausgasemissionen kann das Risiko gefährlichen Klimawandels nicht auf null reduzieren – sie kann jedoch die Risiken entscheidend vermindern. Daher hat sich die internationale Gemeinschaft in der Klimarahmenkonvention der Vereinten Nationen (United Nations Framework Convention on Climate Change, UNFCCC) darauf verständigt, den Anstieg der globalen Mitteltemperatur auf maximal 2 °C gegenüber dem vorindustriellen Niveau zu begrenzen. Das im Dezember 2015 in Paris formulierte UNFCCC-Klimaabkommen geht sogar über dieses Ziel hinaus, indem es die Möglichkeit anstrebt, die Schranke bei 1,5 °C zu schließen.

Allerdings bringt eine ambitionierte Politik der Emissionsvermeidung auch Kosten mit sich, da emissionsarme Energiequellen meist teurer sind als herkömmliche fossile Energieträger. Aus diesem Grund stellt sich die Frage, ob und wie sich Emissionsminderungen ökonomisch rechtfertigen lassen.

Internationale Klimapolitik als Wette

Wie im vorherigen Abschnitt diskutiert, lassen sich die langfristigen Auswirkungen des Klimawandels nicht genau vorhersagen. Vielmehr spricht man von möglichen Schäden und der Wahrscheinlichkeit ihres Eintretens. Eine rationale Klimapolitik wird also die möglichen Auswirkungen des gefährlichen Klimawandels den Kosten der Emissionsreduktion gegenüberstellen müssen. Wie soll diesen in einem vernünftigen Entscheidungskalkül Rechnung getragen werden? Die politischen Entscheidungsträger gehen eine Wette ein, wenn sie sich für eine ambitionierte Klimapolitik entscheiden. Die explizite Formulierung dieser Wette zeigt, was die Befürworter und die Gegner einer Klimapolitik voraussetzen müssen, damit ihre Politik vernünftig ist. Die gegenwärtige Debatte und vor allem die wissenschaftlichen Fakten lassen sich damit besser einschätzen und bewerten.

Wir gehen davon aus, dass die Menschheit zwei Handlungsoptionen hat: entweder eine ambitionierte Klimapolitik zu betreiben oder aber keine Klimapolitik zu betreiben. Die Menschheit ist mit zwei möglichen Zuständen des Klimasystems konfrontiert – entweder würde ungebremster Klimawandel gefährliche Auswirkungen haben, oder aber er wäre harmlos. Diesen beiden Zuständen ordnen wir die Wahrscheinlichkeiten p und 1–p zu.

Im ersten Fall entstehen ohne Klimapolitik langfristige und irreversible Schäden (V), selbst mit optimalen Anpassungsmaßnahmen. Mit einer ambitionierten Klimapolitik werden die Schäden des Klimawandels hingegen auf das Niveau E begrenzt. im zweiten Fall würde es selbst ohne Klimapolitik nur zu einem harmlosen Klimawandel kommen, ohne dass dabei nennenswerte Schäden auftreten. In beiden Fällen führt Klimapolitik zu kurzfristigen Kosten (C). Wenn die Vermeidung von Emissionen Kosten verursacht, dann ist das Vorzeichen positiv. Es ist sogar denkbar, dass das Vorzeichen negativ ist und ein Nettonutzen durch Emissionsminderung entsteht (also negative Kosten). Letzteres wäre der Fall, wenn beispielsweise die Kosten des Umbaus des Energiesystems durch die Verringerung der lokalen Luftverschmutzung aufgewogen würden. In diesem Fall ließe sich das Klimaproblem wahrscheinlich relativ einfach lösen. Diese Hoffnung hat sich allerdings bislang nicht erfüllt, und wir müssen davon ausgehen, dass der Umbau des Energiesystems Kosten verursacht.

Die Entscheidungsträger wählen vernünftigerweise jene Option, die die geringsten zu erwartenden Kosten mit sich bringt. Die Wahrscheinlichkeit für gefährlichen Klimawandel ist zunächst eine Einschätzung der Entscheidungsträger. Nichthandeln würde zu erwarteten Kosten von $p \cdot V$ führen, Klimaschutz hingegen zu Kosten von $C + p \cdot E$. Der risikoneutrale Entscheidungsträger würde sich also genau dann für einen ambitionierten Klimaschutz entscheiden, wenn $p > C / (V–E)$.[*] Diese Formel zeigt, dass ein ambitionierter Klimaschutz umso eher unternommen wird, je größer die Wahrscheinlichkeit des gefährlichen Klimawandels ist, je größer die verursachten Schäden des

---

[*] Im Falle des Nichthandelns würden die Schäden V mit einer Wahrscheinlichkeit von p eintreten, so dass sich erwartete Schäden von $p \cdot V$ ergeben. Im Falle des Handelns fallen Kosten von C mit Sicherheit an, sowie geringere Schäden von E mit Wahrscheinlichkeit p. Hieraus ergeben sich dann erwartete Gesamtkosten von $C + p \cdot E$. Der risikoneutrale Entscheidungsträger wird sich also für Klimapolitik aussprechen, wenn die erwarteten Kosten $C + p \cdot E$ kleiner sind als die erwarteten Kosten ungebremsten Klimawandels von $p \cdot V$.

	Gefährlicher Klimawandel Wahrscheinlichkeit p	Harmloser Klimawandel Wahrscheinlichkeit 1−p
Ambitionierte Klimapolitik	Geringe Schäden (E) + Minderungskosten (C)	Minderungskosten (C)
Keine Klimapolitik	Hohe Schäden (V)	Weder Kosten noch Schäden (0)

Abb. 2: Die klimapolitische Wette anhand gesellschaftlicher Kosten unter verschiedenen Handlungsoptionen und Auswirkungen des Klimawandels.

Klimawandels, je mehr Schäden durch eine Verminderung der Emissionen vermieden werden können und je geringer die Kosten des Klimaschutzes sind. Selbst bei geringer Wahrscheinlichkeit des gefährlichen Klimawandels wäre eine ambitionierte Klimapolitik auch dann rational, wenn die Kosten niedrig sind oder die Schäden des Klimawandels durch eine ambitionierte Klimapolitik deutlich vermindert werden können.

Dieses einfache Entscheidungskalkül ist in Wirklichkeit deutlich komplexer. So könnte man argumentieren, dass potentiell katastrophale Schäden höher gewichtet werden sollten, selbst wenn diese nur eine sehr kleine Eintrittswahrscheinlichkeit aufweisen. Auch stellt die Bewertung der Zukunft ein ethisches Problem dar, weil die Frage geklärt werden muss, ob alle Generationen gleich behandelt werden sollen. Wenn nachfolgende Generationen mit den künftigen Klimaschäden leichter fertig werden, weil sie reicher sind als die heutige Generation, wäre es vertretbar, dass die heutige Generation nicht die gesamte Last des Klimaschutzes tragen muss. Diesen Sachverhalt kann man in das Kalkül dadurch einbeziehen, dass langfristige Schäden weniger gewichtet werden als die kurzfristigen. Man spricht auch davon, dass die Schäden abdiskontiert werden. Je stärker sie abdiskontiert werden, desto geringer werden die eventuellen Schäden für künftige Generationen gewichtet. Auch müssten mögliche Risiken einer Politik der ambitionierten Emissionsvermeidung, die wir in Kapitel 3 diskutieren, mit einbezogen werden. Das Entscheidungskalkül würde dadurch komplizierter werden, an der Grundstruktur änderte sich jedoch wenig.

Wer gegen eine ambitionierte Klimapolitik argumentiert,

müsste somit zweierlei zeigen: Erstens wäre der empirische
Nachweis zu führen, dass die Kosten und Risiken des Umbaus
zu hoch und die Klimaschäden vernachlässigbar klein sind;
oder aber es müsste normativ begründet werden, warum kommenden Generationen kein großes Gewicht beigemessen werden soll. Wer hingegen für eine ambitionierte Klimapolitik argumentiert, müsste zeigen, dass die Kosten und Risiken des
Klimaschutzes gegenüber den Schäden eines ungebremsten Klimawandels gering sind. Selbst hohe Diskontraten, sofern sie
sich ethisch überhaupt rechtfertigen lassen, stellen eine ambitionierte Klimapolitik auch dann nicht in Frage, wenn sich dadurch das Risiko von Katastrophen erheblich reduzieren lässt.

2. Die Bestandsaufnahme der Klimapolitik

Dieses Kapitel nimmt eine Bestandsaufnahme vor, um die klimapolitischen Herausforderungen zu verstehen, die die Vermeidung von Treibhausgasemissionen mit sich bringt. Die Quellen
der Emissionen, aufgeschlüsselt nach Ländern, ökonomischen
Sektoren und verschiedenen Treibhausgasen, werden ebenso
beschrieben wie die Ursachen steigender Emissionen. Es wird
gezeigt, warum zunehmende Energieeffizienz und ein verstärkter Einsatz erneuerbarer Energien bislang nicht ausreichend
waren, um den Anstieg der Emissionen aufzuhalten oder sogar
eine Trendwende hin zu sinkenden Emissionen einzuleiten.

Den globalen Ausstoß an Treibhausgasen zu bestimmen ist
keine einfache Aufgabe. Daten von zahlreichen statistischen Behörden, wie der International Energy Agency (IEA) und der
Food and Agricultural Organization (FAO), müssen zusam-
mengetragen und konsistent behandelt werden, zum Beispiel in
Bezug auf Emissionsfaktoren verschiedener fossiler Energieträger und den CO_2-Gehalt von Wäldern und Böden. Im Folgenden stützen wir uns aus Gründen der Verfügbarkeit und Aktua-
lität insbesondere auf Daten des Climate Analysis Indicators

Tool (CAIT). Diese Daten liegen innerhalb des Unsicherheitsbereichs der vom IPCC veröffentlichten Schätzungen, sind jedoch am unteren Rand angesiedelt. Der größte Unterschied ergibt sich für Emissionen aus der Landnutzung und Entwaldung, für welche die größte Unsicherheit besteht.

Als Maßeinheit für Emissionen verwenden wir CO_2-Äquivalente, um alle Treibhausgase (z. B. auch Methan oder Lachgas) zu berücksichtigen. Treibhausgase kann man jedoch nicht einfach aufaddieren, da jedes dieser Gase in unterschiedlichem Maße zum Anstieg der globalen Mitteltemperatur beiträgt. Die Wissenschaft hat sich auf einen Index geeinigt, das sogenannte Globale Erwärmungspotential, um die Wirkung der Treibhausgase vergleichbar zu machen. Das Globale Erwärmungspotential drückt für jedes Treibhausgas die Klimawirkungen für einen bestimmten Zeitraum (meist hundert Jahre) im Vergleich zu CO_2 aus. Dadurch wird es möglich, alle Treibhausgase in CO_2-Äquivalenten auszudrücken, um somit ihre Wirkung auf den Anstieg der globalen Mitteltemperatur zu berechnen. So hat beispielsweise Methan eine 28-mal größere Klimawirkung als CO_2, bleibt aber weniger lange in der Atmosphäre. CO_2 hat zwar ein geringeres Erwärmungspotential, hält sich dafür jedoch sehr lange in der Atmosphäre.

Die Entwicklung der Emissionen

Zwischen 1990 und 2014 sind die jährlichen Treibhausgasemissionen stetig – mit nur kurzen Unterbrechungen in Zeiten wirtschaftlicher Rezession – von 34 auf 49 Gigatonnen (Gt) CO_2-Äquivalente angewachsen. Das entspricht einem Anstieg von etwa 44 %. Seit dem Jahr 2000 hat sich das Emissionswachstum sogar noch beschleunigt: Lag die durchschnittliche jährliche Wachstumsrate im Zeitraum 1990–2000 noch bei 0,8 % pro Jahr, so belief sie sich auf 2,3 % im Zeitraum 2000–2014. Dieser Anstieg ist vor allem auf das rasante Wirtschaftswachstum in Entwicklungs- und Schwellenländern zurückzuführen, während das Bevölkerungswachstum relativ an Bedeutung verliert; die zunehmende Nutzung der Kohle im

Stromsektor beschleunigte den Anstieg der Emissionen in den letzten zehn Jahren ebenfalls.

Im Jahr 2013 fiel der Anstieg der Emissionen allerdings deutlich geringer aus, und seit 2014 sind die Emissionen in etwa konstant geblieben (zumindest wenn man davon ausgeht, dass die vorläufigen Statistiken, auf denen diese Zahlen beruhen, nicht noch nachträglich revidiert werden müssen). Wahrscheinlich kann dieser Rückgang hauptsächlich auf die sinkende Kohlenutzung in China in Folge der Einführung von Maßnahmen zur Luftreinhaltung zurückgeführt werden. Ob diese Maßnahmen nachhaltige Effekte auf die globalen Treibhausgasemissionen haben werden, bleibt abzuwarten. Denn Länder wie Indien und die Türkei sowie zahlreiche afrikanische Staaten decken ihren rasch wachsenden Energiebedarf vorwiegend aus fossilen Energieträgern. Durch den anhaltenden Bau von Kohlekraftwerken könnte es weiter zu steigenden Emissionen kommen. Doch selbst wenn sich dieser Trend verlangsamt, wäre damit gefährlicher Klimawandel nicht abgewendet, wie wir in Kapitel 3 zeigen werden.

Dem aus der Verbrennung fossiler Energieträger und aus industriellen Prozessen (wie z. B. der Chemie) resultierenden CO_2-Ausstoß kommt der größte Anteil der gesamten Emissionen sowie von deren Anstieg zu. Im Jahr 2014 stammten 35 Gt CO_2, also mehr als 70 % der gesamten Treibhausgasemissionen, aus diesen Quellen. Emissionen von Kohlendioxid, das in Wäldern und Böden gespeichert ist und durch Landnutzungsänderungen freigesetzt wird, spielen ebenfalls eine wichtige Rolle. Sie machen 5 % der Gesamtmenge aus. Methan (CH_4), das u. a. bei der Tierhaltung entsteht und bei der Förderung von Erdöl und -gas entweicht, ist für 15 % der Gesamtemissionen verantwortlich; Lachgas (N_2O), das insbesondere bei der Nutzung von Dünger frei wird, für knapp 7 %. Die sogenannten F-Gase (fluorierte Treibhausgase) tragen weniger als 2 % zu den Gesamtemissionen bei (siehe Abbildung 3).

Der Stromsektor stellt aktuell mit mehr als 30 % die wichtigste Quelle von Treibhausgasemissionen dar. Der erzeugte Strom wird dabei hauptsächlich im Haushaltsbereich und von

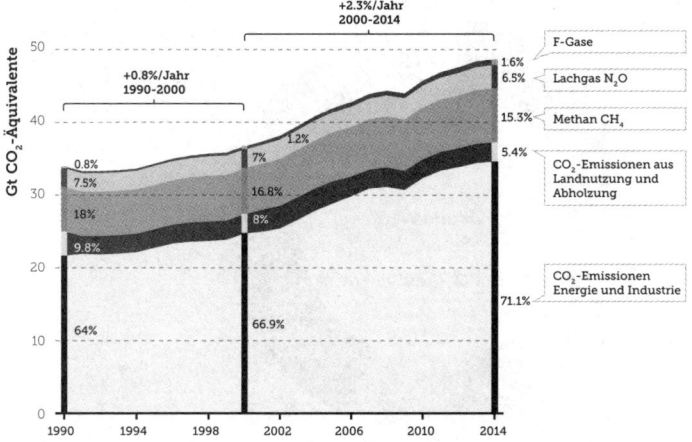

Abb. 3: Entwicklung der Treibhausgasemissionen 1990–2014, aufgeschlüsselt nach Gasen, sowie jährliche Wachstumsraten im Zeitraum 1990–2000 und 2000–2014. Quellen: CAIT (2014) und CDIAC (2015)

der Industrie verbraucht. Außerdem sind diese beiden zuletzt genannten Sektoren wichtige Quellen direkter Emissionen, zum Beispiel durch Heizen im Haushaltsbereich (der insgesamt etwas mehr als 8% der Gesamtemissionen ausmacht) und Emissionen aus Fertigungsprozessen und der Verbrennung fossiler Energieträger in der Industrie (13% der Gesamtemissionen). Landwirtschaft, Landnutzungsänderungen und Entwaldung tragen zusammen etwa 17% zu den gesamten Emissionen bei, der Transportsektor knapp 15% (siehe Abbildung 4).

Lange Zeit haben die Industrieländer den größten Anteil der globalen Emissionen verursacht. In den letzten Jahren wurden sie von den Entwicklungsländern überholt. So blieben die Emissionen in den OECD-Ländern im Zeitraum von 1990–2014 praktisch unverändert, während sie sich in Asien im selben Zeitraum mehr als verdoppelt haben. Dennoch: Die Industrieländer weisen aktuell immer noch deutlich höhere Pro-Kopf-Emissionen auf als Entwicklungsländer; auch haben sie seit der Erfindung der Dampfmaschine bis heute mehr Emissionen in

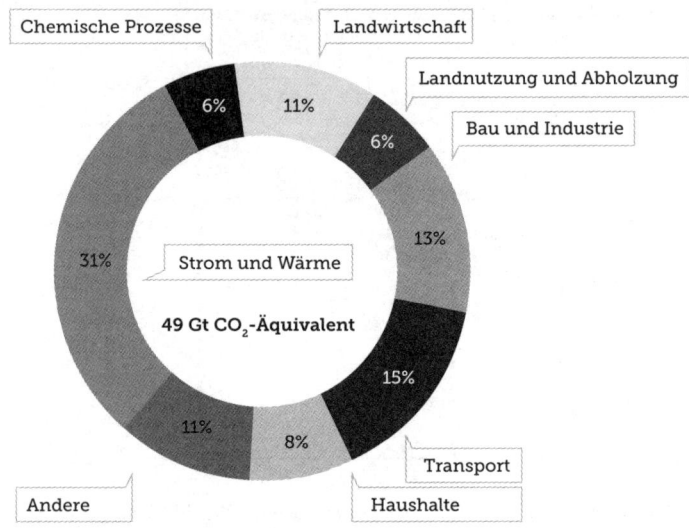

Abb. 4: Quellen von Treibhausgasen nach ökonomischen Sektoren unterteilt.
Quellen: CAIT (2014) und CDIAC (2015).

der Atmosphäre abgelagert als die Entwicklungs- und Schwellenländer (siehe Tabelle 1).

Gerade die letzten beiden Dekaden zeigen, dass die Einteilung in Industrie- und Entwicklungsländer nicht mehr sinnvoll ist, denn gegenwärtig sind es nicht allein die Industrieländer, die zum Emissionswachstum beitragen. So liegen die jährlichen Pro-Kopf-Emissionen der USA und Australiens mit aktuell 18,9 t und 28 t CO_2-Äquivalenten deutlich über denen in der EU von 7,5 t. Deutschland befindet sich mit 9,6 t fast 30 % über dem EU-Durchschnitt und mehr als 40 % über dem globalen Durchschnitt von 6,7 t. Jedoch gilt dies auch für China. Nach starkem Wachstum der Emissionen in den letzten Jahrzehnten ist China inzwischen nicht nur der weltweit bedeutendste Emittent, sondern hat mit Pro-Kopf-Emissionen von 8,2 t zu den Industrieländern aufgeschlossen. In Indien hingegen liegen die Pro-Kopf-Emissionen bei 2,5 t. Würde Indien die Entwicklung Chinas nachahmen, kämen zusätzlich mehr als 7 Gt CO_2-Äquivalente

Land/Region	t CO_2-Äquiv. pro Kopf 2014	Gt CO_2-Äquiv. absolut 2014 (% global)	Gt CO_2-Äquiv. kumuliert 1990–2014 (% global)
EU 28	7,5	3,8 (7,8 %)	114 (11,5 %)
Deutschland	9,6	0,8 (1,6 %)	23 (2,3 %)
Frankreich	5,9	0,4 (0,8 %)	11,6 (1,2 %)
Großbritannien	7,6	0,5 (1 %)	15,9 (1,6 %)
USA	18,9	6 (12,4 %)	153,3 (15,5 %)
Australien	**28**	0,7 (1,3 %)	14,7 (1,5 %)
Japan	9,2	1,2 (2,4 %)	29,6 (3 %)
Südkorea	13,3	0,7 (1,4 %)	12,3 (1,2 %)
China	8,2	**11,1 (23 %)**	**155,9 (15,7 %)**
Indien	2,5	3,3 (6,8 %)	48,5 (4,9 %)
Indonesien	8,3	2,1 (4,3 %)	39,1 (3,9 %)
Brasilien	9,8	2 (4,2 %)	44,6 (4,5 %)
Südafrika	8,7	0,5 (1 %)	9,8 (1 %)

Tab. 1: Treibhausgasemissionen in CO_2-Äquivalenten pro Kopf, auf Landesebene und über den Zeitraum 1990–2014 kumuliert für ausgewählte Länder. Der größte Wert in jeder Spalte ist fett gedruckt. Werte in Klammern geben den Anteil an den globalen Emissionen an. Quellen: CAIT (2014) und CDIAC (2015)

pro Jahr – mehr als 14 % der momentanen weltweiten Emissionen – hinzu. Während für die oben genannten Länder die Energienutzung, also die Verbrennung der fossilen Rohstoffe Kohle, Öl und Gas, die größte Quelle von Emissionen darstellt, gibt es einige Länder, für die die Landnutzung als Emissionsquelle im Vordergrund steht. Hierzu zählen insbesondere Länder mit extensiven Regenwaldgebieten, so z. B. Brasilien und Indonesien.

Die Globalisierung hat dazu geführt, dass der Außenhandel zwischen Ländern nicht nur auf den Güter- und Kapitalmärkten eine zunehmend größere Rolle spielt: Werden Güter exportiert, werden damit indirekt auch Emissionen exportiert. Eine Metrik, welche die durch den Export und Import von Gütern anfallenden Emissionen berücksichtigt, sind die sogenannten konsumbasierten Emissionen. Die konsumbasierten Emissio-

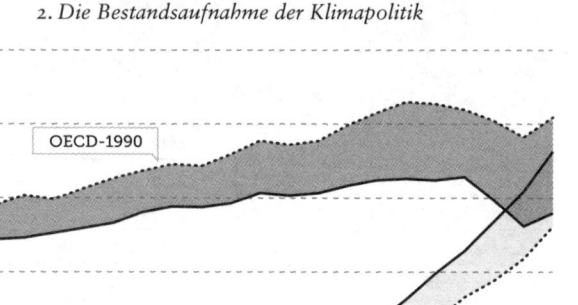

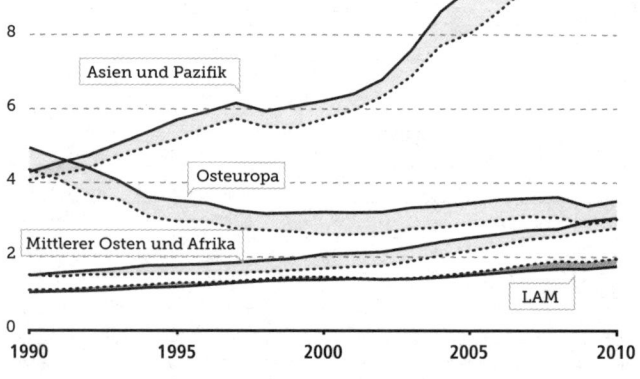

Emissionstransfer

--- Konsumbasiert   ▓ Netto-Importe

— Produktionsbasiert   ░ Netto-Exporte

Abb. 5: Verlauf der produktions- und konsumbasierten CO_2-Emissionen
nach Ländergruppen. Quelle: IPCC (2014b)

nen messen nicht die innerhalb eines Landes verursachten Emissionen, sondern diejenigen, die in der globalen Vorleistungskette der konsumierten Güter und Dienstleistungen entstanden sind. Berechnet werden diese, indem von den «produktionsbasierten» Emissionen die in den Exporten enthaltenen Emissionen abgezogen und die in den Importen enthaltenen hinzuaddiert werden. Diese Emissionen können natürlich nicht direkt gemessen, sondern müssen anhand von Annahmen über die Produktionsprozesse geschätzt werden. Ihre wachsende Bedeutung kann ermessen, wer sich vor Augen führt, dass ein Viertel der globalen Emissionen auf international gehandelte Produkte entfallen. Für die Schwellen- und Entwicklungsländer sind die konsumbasierten Emissionen tendenziell niedriger als die produktionsbasierten; für Industrieländer ist das Gegenteil der Fall (siehe Abbildung 5). Es wäre jedoch irreführend, daraus zu schließen, dass Industrieländer verstärkt ihre emissionsintensiven Industrien in Entwicklungsländer auslagern. Die beobachteten Exportüberschüsse oder -defizite bei den Emissionen haben eine Vielzahl von Gründen: unterschiedliche Techniken bei der Energieerzeugung, unausgeglichene Handelsbilanzen oder Spezialisierung auf den Export besonders emissionsintensiver Produkte. Die konsumbasierten Emissionen stellen lediglich eine buchhalterische Größe dar, aus der noch keine Zuweisung von Verantwortlichkeiten für das Entstehen der globalen Emissionen abgeleitet werden kann. Eine solche Zuweisung macht eine «Was-wäre-wenn»-Betrachtung nötig. Dadurch könnte man überprüfen, wie stark sich die globalen Emissionen durch die Importe eines Landes tatsächlich erhöht haben, verglichen mit einer Situation, in der der Konsum ausschließlich aus heimischer Produktion gedeckt würde. Dennoch wird versucht, mit der Unterscheidung von produktions- und konsumbasierten Emissionen – je nach Bedarf – den Industrie- oder Entwicklungsländern eine größere Verantwortung für das Emissionswachstum zuzuschreiben. Länder mit einer größeren Verantwortung müssten dann möglicherweise in der Zukunft einen höheren Anteil der Kosten der Emissionsminderung tragen. Die Lastenverteilung des Klimaschutzes ist eine wichtige politische und ethische Frage, die jedoch nicht allein mit dem Hinweis auf konsum- oder produktionsbasierte Emissionen entschieden werden kann.

Das Wirtschafts- und Bevölkerungswachstum

Über lange Zeiträume der Menschheitsgeschichte blieben Bevölkerung, Pro-Kopf-Einkommen und Treibhausgasemissionen relativ konstant. Seit der Industriellen Revolution vor etwa

250 Jahren hat sich die Zahl der Menschen auf der Erde mehr als versiebenfacht, das Pro-Kopf-Einkommen sogar mehr als verzehnfacht (siehe Abbildung 6).

Auch wenn sich das Bevölkerungswachstum in den letzten Jahren abgeschwächt hat, gehen Projektionen der Vereinten Nationen davon aus, dass die Weltbevölkerung bis zum Ende des Jahrhunderts mindestens um weitere zwei Milliarden Menschen zunimmt. Die Weltwirtschaft wird, trotz der Abschwächung in den meisten OECD-Ländern, in den kommenden Jahrzehnten ebenfalls kräftig wachsen. Diese Zunahme von Bevölkerung und Pro-Kopf-Einkommen schlägt sich direkt in steigenden Emissionen nieder, weil bislang der Energieverbrauch pro Einheit Bruttoinlandsprodukt (Energieintensität) und die CO_2-Emissionen pro erzeugter Energieeinheit (Kohlenstoffintensität) nicht in ausreichendem Maße gesunken sind, um einen Anstieg der Emissionen zu verhindern. Zwar reduzierte sich die Energieintensität in den letzten Jahren stetig aufgrund effizienterer Energienutzung und durch den Strukturwandel weg von der Industrie und hin zu Dienstleistungen. Jedoch reichte diese Entwicklung nicht aus, um den Effekt einer wachsenden Weltbevölkerung und steigender Einkommen auf die globalen Emissionen zu kompensieren. Zudem ist es nicht wahrscheinlich, dass die Energieeffizienzverbesserungen sich im Tempo der letzten Jahrzehnte weiter fortsetzen. So hat beispielsweise China nach dem Versuch einer erzwungenen Industrialisierung durch Maos «großen Sprung nach vorne» seine Energie sehr ineffizient genutzt. Zwischenzeitlich hat es jedoch durch das Ersetzen seiner alten Anlagen bereits die Energieintensität erreicht, die in etwa dem OECD-Durchschnitt entspricht.

Schwellen- und Entwicklungsländer – so die Hoffnung – könnten durch den Einsatz hochmoderner und effizienter Technologien nicht mehr dazu verdammt sein, die Wirtschaftsgeschichte der Industrieländer einfach zu wiederholen. In der Tat setzen heute beispielsweise viele Länder auf Mobilfunk und überspringen dabei die Phase des Aufbaus einer Festnetzinfrastruktur. Dieses sogenannte «Leap-Frogging» lässt einige Beobachter hoffen, dass ein gegebenes Pro-Kopf-Einkommen mit

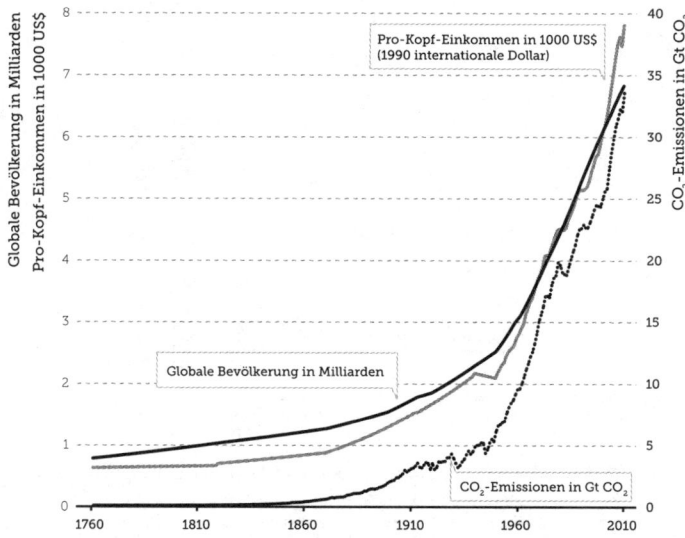

Abb. 6: Globale Bevölkerung, Pro-Kopf-Einkommen und Emissionen seit 1760.
Mit der Industriellen Revolution zeichnet sich ein rapider Anstieg aller drei
Variablen ab. Quellen: GGDC (2010), Weltbank (2016) und CDIAC (2016)

deutlich geringerem Energieeinsatz erreicht werden könnte.
Diese Hoffnung hat sich bislang jedoch nicht erfüllt. Selbst
wenn in vielen Ländern, darunter zahlreiche Schwellen- und
Entwicklungsländer, erneuerbare Energien und Effizienztechno-
logien auf dem Vormarsch sind, bleiben fossile Energieträger
weiterhin dominant. Schnell wachsende Entwicklungsländer
ahmen die Entwicklungen nach, die die Industrieländer vor
ihnen durchlaufen haben. Damit sind sie nicht in der Lage, den
Energieverbrauch vom Wirtschafts- und Bevölkerungswachstum zu entkoppeln (siehe Abbildung 7). Eine solche Entkopplung ist erst bei einem hohen Pro-Kopf-Einkommen zu beobachten. So war der Energieverbrauch von Deutschland im Jahr
2013 um etwa 9% niedriger als 1990, in Großbritannien sank
er um etwa 5%. Im selben Zeitraum stieg er in Frankreich
zwar, jedoch mit ca. 13% deutlich langsamer als die Wirtschaftsleistung. Interessanterweise findet sich dieser Zusammenhang

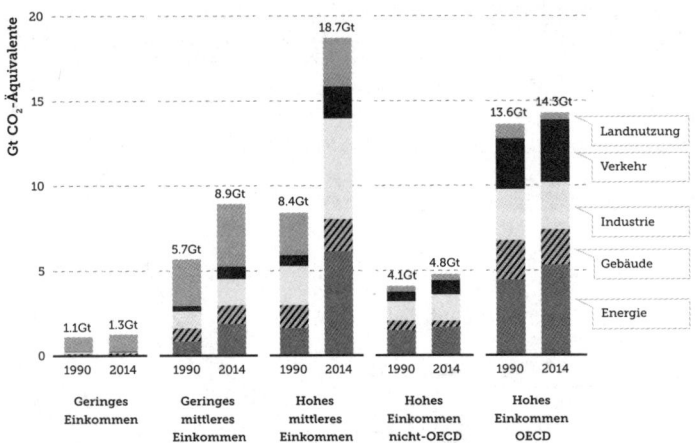

Abb. 7: Treibhausgasemissionen für Länder verschiedener Einkommensgruppen im Jahr 2014 verglichen mit 1990, aufgeschlüsselt nach ökonomischen Sektoren. Industrieländer weisen immer noch die höchsten Pro-Kopf-Emissionen auf, jedoch war der Anstieg in den ärmeren Ländern in den letzten Jahren deutlich höher. Quellen: CAIT (2014) und CDIAC (2015)

zwischen Einkommen und Emissionen nicht nur im Länderquerschnitt, sondern auch auf Haushaltebene: So weisen vergleichsweise reiche Haushalte in armen Ländern einen ähnlich hohen «Karbon-Fußabdruck» (also die Pro-Kopf-Emissionen unter Berücksichtigung des Konsumverhaltens) auf wie Haushalte mit demselben Einkommen in Industrieländern. Jene wachsende Mittelklasse in Schwellen- und Entwicklungsländern wird in der Zukunft eine der treibenden Kräfte für einen fortgesetzten Anstieg der globalen Emissionen sein.

Diese historischen Beobachtungen sollten aber nicht zu dem Fehlschluss verleiten, eine frühe Entkopplung von Emissionen und Wirtschaftswachstum sei ökonomisch oder technisch in Zukunft nicht möglich. Es bedarf hierzu jedoch geeigneter politischer Rahmenbedingungen, die bislang noch nicht vorhanden sind. Schwellen- und Entwicklungsländer waren in der Vergangenheit wenig gewillt, Minderungsziele für ihre nationalen Emissionen zu akzeptieren, obwohl sie gegenüber den Auswirkungen des Klimawandels viel verwundbarer sind als die Industrieländer. Sie befürchten, dass sie ihre künftigen Entwicklungschancen gefährden und die wirtschaftlichen Erfolge der vergangenen Jahrzehnte durch eine voreilige Klimapolitik zunichtemachen. Richtig ist an dieser Überlegung, dass der Zugang zu einer ausreichenden Energieversorgung eine Grundvoraussetzung für wirtschaftliche Entwicklung ist. Dieser Zusammenhang gilt ebenso, wenn man nicht das Sozialprodukt als Indikator für die wirtschaftliche Leistungsfähigkeit eines Landes nimmt, sondern den Human-Development-Index der Vereinten Nationen. Im Länderquerschnitt zeigt sich, dass sowohl das Sozialprodukt als auch ein steigender Human-Development-Index mit höherem Energieverbrauch einhergeht. Diese Energie muss allerdings nicht zwangsläufig aus fossilen Quellen stammen, sondern könnte durch Wasserkraft, Wind, Sonnenenergie, Biomasse, aber auch Kernenergie bereitgestellt werden. Häufig sind emissionsarme Energiequellen allerdings teurer als herkömmliche, fossile Energien. Gerade arme Länder weisen darauf hin, dass ihnen die zusätzlichen Kosten nicht aufgebürdet werden dürften, weil dadurch andere Entwicklungsziele, etwa Bildung oder der Aufbau von Sozialsystemen, behindert werden könnten. Da der größte Teil der historischen Emissionen von den reichen Ländern verursacht wurde, so das Argument der Entwicklungsländer, sollen diese auch die Verantwortung übernehmen und ihre Emissionen zuerst reduzieren. So hat die indische Regierung verbindliche Emissionsobergrenzen abgelehnt. Trotzdem hat sie aber angekündigt, dass die Pro-Kopf-Emissionen Indiens nie den Durchschnitt der Industrieländer übersteigen werden, und sich im Rahmen des Pariser Abkommens dazu verpflichtet, die Emissionsintensität seines Wachstums zu verringern.

Die Renaissance der Kohle und das Angebot fossiler Energieträger

Die Industrielle Revolution wäre ohne fossile Energieträger nicht möglich gewesen. Bis zum späten 18. Jahrhundert waren die Menschen in Europa darauf angewiesen, ihren Energiebedarf aus dem Licht und der Wärme der Sonne zu decken, die über den Umweg der Nahrungsmittel- und Futterproduktion gespeichert und in Muskelkraft umgewandelt wurde. Auch setzte man Windmühlen und Wasserräder ein, um Getreide zu mahlen und Sägewerke zu betreiben. Erst durch die Erfindung der Dampfmaschine wurde die in der Kohle gespeicherte Sonnenenergie nutzbar gemacht und die Grenzen der traditionellen Verwendung von Biomasse wurden gesprengt. Der Verbrennungsmotor erlaubte die Umwandlung von raffiniertem Erdöl in mechanische Energie. Der Aufstieg des Autos und des Schiffsverkehrs senkte die Transportkosten und setzte eine Globalisierung von Wirtschaft und Gesellschaft in Gang, deren Folgen die Menschheit gerade erst zu begreifen beginnt. Der Soziologe Werner Sombart bezeichnete die fossilen Energieträger Kohle, Öl und Gas darum als Lotteriegewinn für die Menschheit.

Kohle stellte lange Zeit den größten Energielieferanten dar; erst gegen Mitte des 20. Jahrhunderts wurde «King Coal» vom Erdöl abgelöst, das im rasant wachsenden Transportsektor zunehmend zum Einsatz kam (siehe Abbildung 8). Auch die Kernenergie, die in den späten 1980er Jahren in den Industrieländern einen rapiden Ausbau erfahren hatte, entwickelte sich in vielen Ländern zu einer der wichtigsten Energiequellen. Hier ist besonders Frankreich hervorzuheben, wo Nuklearenergie gegenwärtig fast 80% der Stromproduktion und etwa 40% des Primärenergieverbrauchs ausmacht. Der Abschied von der Kohle schien bereits besiegelt: Die Internationale Energieagentur (IEA) und führende Energieexperten attestierten Anfang dieses Jahrhunderts der Kohle nur noch eine untergeordnete Rolle – Öl und Gas sollten die Hauptrolle spielen. Doch es kam anders. Die nahezu unbegrenzten Kohlevorräte und billigen Technologien für ihre Verstromung machten sie angesichts des wachsenden Energiehungers der Schwellen- und Entwicklungsländer wieder attraktiv. So beträgt der Anteil der Kohle an der Primärenergie in China heute 70%. China verbraucht, trotz sinkendem Konsum im Jahr 2014, beinahe so viel Kohle wie der Rest der Welt zusammengenommen.

Während Maßnahmen zur Luftreinhaltung und das bilaterale

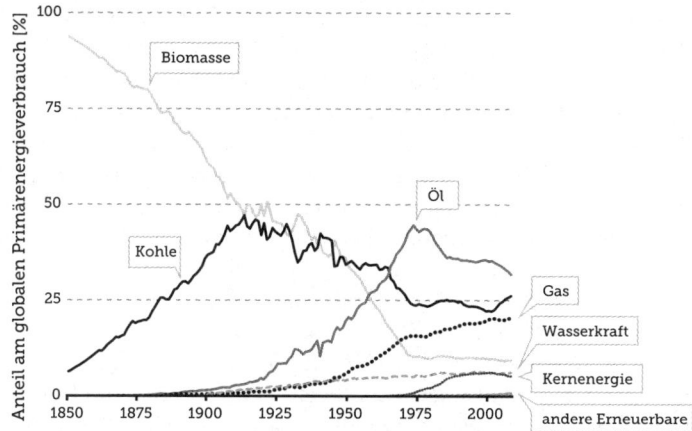

Abb. 8: Anteil der verschiedenen (fossilen und erneuerbaren) Energieträger am Primärenergieverbrauch von 1850 bis 2010. Die zweite Hälfte des 20. Jahrhunderts zeichnet sich durch die Dominanz des Erdöls aus, in den letzten Jahren ist eine verstärkte Nutzung der Kohle zu beobachten. Quelle: IPCC (2014b)

Klimaabkommen mit den USA dazu führen werden, dass sich der Zubau neuer Kohlekraftwerke in China verlangsamt, wollen andere Länder den Ausbau der Kohle sogar noch beschleunigen. So hat beispielsweise Indien angekündigt, die Nutzung seiner heimischen Kohle bis zum Jahr 2019 im Vergleich zu 2013 zu verdoppeln, um damit – trotz der oft verheerenden Auswirkung auf die Gesundheit der Bevölkerung – einen entscheidenden Schritt gegen die grassierende Armut zu unternehmen. Im Jahr 2017 wurden diese Pläne in China und Indien erheblich nach unten revidiert. Länder wie die Türkei, Ägypten, die Philippinen, Korea, Japan, Bangladesch und Taiwan planen dennoch neue Kohlekraftwerke. Sollten diese tatsächlich gebaut werden, ergibt sich nicht nur ein massives Problem für kurz- und mittelfristige Emissionsminderungen, sondern auch ein langfristiger «lock-in» in karbonintensive Infrastrukturen. Da die Energieinfrastruktur, etwa Kraftwerke und Stromnetze, eine Lebensdauer von etwa dreißig bis fünfzig Jahren aufweist, kann davon ausgegangen werden, dass zahlreiche zum jetzigen

Zeitpunkt neu aufgebaute Anlagen auch im Jahr 2060 noch in Betrieb sein werden.

Ermöglicht wird diese weltweite Entwicklung durch den global integrierten Kohlemarkt. Er hat zur Folge, dass die meisten Schwellenländer für ihre verstärkte Nutzung der Kohle nicht auf heimische Kohlevorräte angewiesen sind. Gesunkene Transportkosten durch neu geschaffene Transportinfrastrukturen ermöglichen nun auch Ländern mit geringen heimischen Kohlevorräten, von der «Renaissance der Kohle» zu profitieren. So exportiert beispielsweise Australien rund 70% der geförderten Kohle nach Asien. «King Coal» hat also ein spektakuläres Comeback hingelegt, selbst wenn in den USA der Verbrauch aufgrund der Konkurrenz durch Erdgas zurückgeht und in China und Indien Luftschutzmaßnahmen zur Schließung einiger Kraftwerke geführt haben.

Mit den beiden Ölpreiskrisen in den 1970er Jahren machten die industrialisierten Länder ihre ersten Erfahrungen mit den «Grenzen des Wachstums». Der Club of Rome prognostizierte 1972 das baldige Ende der fossilen Rohstoffe. Hätte er mit seiner Prognose richtig gelegen, dann wären die Preise für Öl, Gas und Kohle weiter gestiegen und die erneuerbaren Energien hätten sich längst auf dem Markt durchgesetzt. Die Hoffnung, die vermeintliche Knappheit der fossilen Energieträger zwinge die Weltwirtschaft durch steigende Preise auf den Pfad der klimapolitischen Tugend, hat sich jedoch als Illusion herausgestellt. In den letzten Dekaden erhöhte sich das Angebot fossiler Energieträger sogar noch weiter. Der gestiegene Ölpreis hat im letzten Jahrzehnt dazu geführt, dass verstärkt nach neuen, bisher unentdeckten Vorkommen gesucht und die Ausbeutung schwer zugänglicher Lagerstätten, wie zum Beispiel unter dem Meeresboden, rentabel wurde. Ebenso lagern in sogenannten Teersänden enorme Vorräte, die bei einem Ölpreis von ca. 120 US$ pro Barrel rentabel würden. Das sogenannte Fracking-Verfahren, bei dem Öl mit hohem Druck unter Zuhilfenahme spezieller Chemikalien aus dem Gestein gepresst wird, führte zu einem rapiden Anstieg der Ölförderung in den USA, der die Import-Abhängigkeit des Landes stark verringerte und zum Verfall des

Weltmarktpreises für Öl von ca. 120 US\$ im Jahr 2009 auf zeitweise weniger als 35 US\$ im Jahr 2016 beitrug. Der niedrige Ölpreis ist vor allem der Tatsache geschuldet, dass sich das Angebot an Öl wegen der vermehrten Exploration neuer Ölfelder in der letzten Dekade erhöht hat. Bei einsetzender Knappheit könnte die Marke von 2009 aber schnell wieder erreicht werden. In diesem Fall würde Kanada über Ölreserven verfügen, die mit denen von Saudi-Arabien vergleichbar wären. Der Abbau dieser Reserven aber würde dem Klima und der lokalen Umwelt beträchtlich schaden.

Der technische Fortschritt in Bezug auf Fracking hat jedoch nicht nur das Ölangebot, sondern auch das Gasangebot erhöht. Das hat in den USA in den letzten Jahren dazu geführt, dass die Stromversorgung des Landes verstärkt auf Erdgas umgestellt wurde. Da der Gaspreis unter dem Preis von Kohle liegt, werden die USA vermutlich auch unter Präsident Donald Trump rasch aus der heimischen Kohlenutzung aussteigen. Fracking stand in der Vergangenheit oft wegen seiner möglichen Folgen für Gesundheit und Wasserqualität im Fokus der Kritik. Aber hilft es wenigstens dem Klima, wenn Kohle durch Erdgas ersetzt wird, das einen deutlich geringeren CO_2-Gehalt aufweist? Das ist wahrscheinlich nicht der Fall, denn zusätzliches Erdgas verdrängt in den USA die heimische Kohle. Die geringere Nachfrage nach Kohle senkt jedoch deren Preis – so wird es sich für die USA lohnen, vermehrt Kohle zu exportieren. Der Netto-Effekt des vermeintlich klimafreundlichen Erdgases liegt daher wohl nahe bei null. Darüber hinaus besteht die Gefahr, dass durch Fracking bis zu 20 % mehr Methanemissionen als bei konventioneller Förderung entweichen. Damit wäre die Emissionsintensität von Gas in etwa mit der von Kohle vergleichbar.

Abholzung und Landnutzung

Die Abholzung vor allem der Regenwälder und die Landwirtschaft stellen mit knapp 17 % der Gesamtemissionen nach der Verbrennung fossiler Rohstoffe die zweitgrößte Emissionsquelle dar. Der größte Anteil der landnutzungsbedingten Emissionen ist auf die Trockenlegung von Mooren und auf die Rodung von Wäldern zurückzuführen. Moore speichern große Mengen an CO_2, die bei Umnutzung für überwiegend landwirtschaftliche Zwecke freigesetzt werden. Zwischen 2000 und 2013 wurden die globalen Waldbestände um gut 1,5 Millionen Quadratkilometer dezimiert, was einem Verlust von knapp 4 % der globalen Waldfläche entspricht. Der politisch gewollte Rückgang der Abholzung in Brasilien wurde durch die vermehrte Abholzung in anderen Regionen zunichtegemacht. Vor allem Länder der Südhalbkugel wie Indonesien und Brasilien weisen aufgrund von Entwaldung hohe Pro-Kopf-Emissionen auf. So machen für Indonesien diese Emissionen etwa 85 % der gesamten Emissionen von gut 8 t CO_2-Äquivalenten pro Kopf aus.

Entwaldung ist aber nicht nur ein Drama, das sich auf der Südhalbkugel abspielt. Auch in der nördlichen Hemisphäre werden Waldbestände massiv vermindert, beispielsweise in Russland und Kanada. Neben dem bereits stattgefundenen Klimawandel, Schädlingsbefall und Waldbränden sind die entscheidenden Gründe dafür Tagebaue, die Ölgewinnung durch Teersände sowie der saure Regen in Gegenden mit Schwerindustrie. Der Verlust an Waldfläche auf der Nordhalbkugel führt jedoch zu geringeren Emissionen, weil sie in manchen Gegenden (z. B. Kanada) durch gezielte Aufforstung kompensiert wird und auf der Nordhalbkugel pro Quadratmeter Waldfläche weniger Kohlenstoff gespeichert ist als in tropischen Gegenden.

Die Ursachen für die Abholzung auf der Südhalbkugel sind vielfältig. Entscheidend zur Entwaldung tragen die Ausdehnung der Landwirtschaft und die zunehmende Besiedelung unbewohnter Flächen bei. Der Bau von Straßen macht bisher unberührte Gebiete zugänglich, senkt die Transportkosten und lässt die Holznutzung rentabel werden. In vielen Ländern holzen die Eigentümer den Wald schneller ab, um den Profit noch vor der drohenden Enteignung einzustreichen. Auch können Gesetze zum Waldschutz kaum durchgesetzt werden. In Indonesien wird, trotz vergleichsweise strikter Gesetze zur Erhaltung des Regenwaldes auf nationaler Ebene, jährlich eine Fläche von 840 000 Hektar gerodet. Dies liegt deutlich über der Abholzung in Brasilien von 460 000 Hektar – und das, obwohl der Urwald in Indonesien nur etwa ein Viertel der Fläche des Amazonasregenwaldes ausmacht.

Wälder sind jedoch nicht nur Lagerstätten für Kohlenstoff – sie speichern unter anderem auch Wasser, regulieren das lokale Klima und verhindern die Erosion des Bodens. Diese Funktionen können sie bei einer steigenden Mitteltemperatur immer weniger erfüllen. Damit wird ein Teufelskreis ausgelöst: Die Abholzung erhöht die globale Mitteltemperatur, die wiederum beeinträchtigt die Wälder in ihrer Funktionsfähigkeit und erhöht die Anfälligkeit gegenüber dem Klimawandel vor allem für jene, die von der Land- und Forstwirtschaft leben müssen.

Landnutzung ist nicht nur für CO_2, sondern auch für andere Treibhausgase verantwortlich. So spielen Ausgasungen von Methan beim Reisanbau und in der Nutztierhaltung eine wichtige Rolle. Der steigende Düngereinsatz in der Landwirtschaft führt zu Lachgasemissionen (N_2O). Vermehrt gedüngt wird, weil sich allein durch neue Züchtungen oder verbesserte Anbaumethoden die steigende Nachfrage nach landwirtschaftlichen Produkten nicht mehr befriedigen lässt. Dieser Bedarf wird auch in Zukunft zunehmen, weil mit der Bevölkerung die Kalorienaufnahme pro Kopf proportional wächst. Der rapide in die Höhe schnellende Fleischkonsum der Länder, die der Armutsfalle entkommen sind, hat in den letzten Jahren zu einem kräftigen Anstieg der Methanemissionen geführt. Setzen sich diese Konsummuster in Zukunft fort, muss mit einer Verdoppelung der Methanemissionen bis zur Mitte des Jahrhunderts gerechnet werden.

Energieeffizienz und erneuerbare Energien

Trotz der vereinbarten Ziele hat die internationale Staatengemeinschaft bislang noch keine ambitionierte Klimapolitik umgesetzt. Dennoch stieg in den letzten Dekaden die Energieeffizienz, auch die erneuerbaren Energien wurden verstärkt ausgebaut.

In den vergangenen Jahrzehnten ist in den meisten Ländern

die Menge an Energie, die für jede Einheit an Wertschöpfung (also am Bruttoinlandsprodukt) aufgewendet werden musste, konstant gesunken. So nahm der Energieverbrauch von Elektro- und Haushaltsgeräten deutlich ab. Effizientere Verbrennungsmotoren erlauben, die gleiche Leistung mit geringerem Benzinverbrauch zu erbringen. In den USA hat sich dadurch der Verbrauch pro gefahrenem Kilometer in den letzten vierzig Jahren in etwa halbiert. Effizienzsteigerungen schlagen sich jedoch nicht eins zu eins in einem geringeren Energieverbrauch nieder. Die höhere Energieeffizienz bietet nämlich Anreize, die Produktionsfaktoren Arbeit oder Kapital durch Energie zu ersetzen, d. h., der niedrigere relative Preis für Energie führt zu erhöhter Nachfrage («Rebound-Effekt»). Die so eingesparten Energiekosten erlauben es den Konsumenten, mehr für Produkte auszugeben, die mit einem steigenden Energieverbrauch einhergehen. So sind beispielsweise Motoren zwar deutlich effizienter geworden. Autos verbrauchen aber trotzdem oft kaum weniger als noch vor 20 Jahren, da die höhere Effizienz durch zusätzliche Leistung kompensiert wurde.

Die Kosten für Wind und Photovoltaik sind in den letzten zehn Jahren stark gesunken. Durch den Ausbau der erneuerbaren Energien haben Firmen offenbar ihre Lernfortschritte in Kostensenkungen umsetzen können: Bessere Verfahren, wie beispielsweise die Waver-Produktion in der Mikrochip-Fertigung, haben dazu beitragen, ebenso staatliche Förderung von Forschung und Entwicklung. Erneuerbare Energien verursachen im Vergleich zu fossilen Energieträgern geringe Mengen an Emissionen, und ihr technisches Potential reicht aus, um den Energiebedarf der Menschheit auf absehbare Zeit zu decken. Allerdings sind sie, abhängig von Standort und Ausbaurate, meist immer noch teurer als fossile Energiequellen – jedenfalls wenn bei den Erneuerbaren auch die Kosten der wetterbedingten Fluktuation mit eingerechnet werden. Für einen vollständigen Kostenvergleich müssen jedoch auch die Subventionen für die fossilen Energieträger ökonomisch richtig berechnet werden. Tatsächlich werden die fossilen Energieträger in erheblichem Umfang subventioniert, weil etwa die Kosten der Luftverschmutzung nicht mit in die Preisbildung einbezogen werden. Bringt man diese Kosten in Anschlag, so zeigt sich, dass weltweit die Tonne CO_2 mit etwa 150 US$ subventioniert wird. Trotz dieser Verzerrungen stellen erneuerbare Energien bereits 13% der globalen Primärenergie bereit. Die Hälfte davon entfällt auf traditionelle Biomasse wie Brennholz und Dung; etwa 22% der globalen Stromproduktion wird durch erneuerbare Energien erbracht, größtenteils durch Wasserkraft. Seit dem Jahr 2004 haben sich die jährlichen Investitionen in Erneuerbare mehr als versiebenfacht (von knapp 40 Milliarden US$ auf mehr als 280 Milliarden US$), und ihr Anteil an neu installierten Anlagen steigt stetig. Im Jahr 2015 betrug er erstmals mehr als die Hälfte der installierten Gesamtkapazität. Besonders starke Zunahmen sind dabei bei Solar- und Windkraftanlagen zu verzeichnen. Aber noch immer entfällt beinahe die Hälfte der neu gebauten Anlagen auf fossile Investitionen. Gerade Kohle ist billig und reichlich vorhanden. Es wäre fahrlässig, davon auszugehen, dass die bisherige Entwicklung von selbst in eine Richtung führt, die das Erreichen eines 2°C-Ziels ermöglicht. Das nächste Kapitel beschäftigt sich daher mit der Transformation des weltweiten Energiesystems.

3. Ziele und Wege der Klimapolitik

Der Weltklimarat ist in seinem jüngsten Sachstandsbericht zu einer wissenschaftlich und politisch zentralen Einsicht gelangt: Die globale Mitteltemperatur im Jahr 2100 hängt vom kumulativen Kohlenstoffbudget ab. Das kumulative Kohlenstoffbudget addiert alle Emissionen, die innerhalb des 21. Jahrhunderts voraussichtlich ausgestoßen werden. Für die Einhaltung der 2°C-Grenze dürfen somit noch etwa 800 Gt CO_2 emittiert werden. Dieses Kohlenstoffbudget bestimmt den Anstieg der globalen Mitteltemperatur auf irreversible Weise. Besteht die Möglichkeit, der Atmosphäre bereits emittierte Treibhausgase zu entziehen, kann ein unter bestimmten Bedingungen höheres Budget zugelassen werden. Wenn die Natur in der zweiten Hälfte des 21. Jahrhunderts ihre Karten aufdeckt, wird sich zeigen, welche Schäden der Klimawandel anrichtet. Es verbleibt dann nur noch die Möglichkeit, sich entweder an seine Auswirkungen anzupassen oder den Strahlungshaushalt direkt zu steuern.

Daraus ergibt sich eine gravierende politische Schlussfolgerung: Soll die 2 °C-Grenze eingehalten werden, muss die Atmosphäre als begrenzter Deponieraum für Treibhausgase verstanden werden. Bislang ist dies noch nicht der Fall. Es gilt das «Recht des Stärkeren», weil jeder nach Gutdünken Treibhausgase in der Atmosphäre ablagern kann. In der sozialwissenschaftlichen Literatur spricht man von Common-Pool-Ressourcen, für die keine Nutzungsrechte festgelegt sind und für die daher die Gefahr besteht, übernutzt zu werden. Erst wenn es klare Richtlinien für die Nutzung gibt, wird aus einer Common-Pool-Ressource ein globales Gemeinschaftseigentum. Die Festlegung auf ein klimapolitisches Ziel erfordert, dass die Atmosphäre als globales Gemeinschaftseigentum der Menschheit verstanden wird, weil nur so ihre Nutzung beschränkt werden kann. Das Verständnis der Atmosphäre als globales Gemeinschaftseigentum hängt zwar nicht von der 2 °C-Grenze ab; auch bei einem 1,5 °C-Ziel wäre die Atmosphäre ein globales Gemeinschaftseigentum. Allerdings würde sich dann das Kohlenstoffbudget auf ein Viertel oder weniger reduzieren, was eine weitere Begrenzung des Deponieraumes zur Folge hätte. Bei einem 3 °C-Ziel würde sich das Kohlenstoffbudget fast verdoppeln. Der Deponieraum wäre aber immer noch begrenzt. Erst bei einem Ziel von etwa 4 °C wäre eine rechtliche Begrenzung des Deponieraumes nicht mehr nötig, da dies ohnehin einer Welt entspricht, in der es zu keiner Klimapolitik käme. Der klimapolitische Handlungsbedarf ergibt sich daher aus der Festlegung auf eine Begrenzung des Temperaturanstiegs.

Eine Transformation des weltweiten Energie- und Landnutzungssystems ist erforderlich, weil die Emissionen in den nächsten Dekaden sinken müssen, um das erlaubte Kohlenstoffbudget nicht zu überschreiten. Dieses Kapitel schildert, welche

Technologien benötigt werden und was sie kosten. Und es zeigt, dass weder eine ausschließliche Anpassung an den Klimawandel noch der Einsatz von Solar Radiation Management gangbare Alternativen zur Emissionsminderung darstellen.

Das 2 °C-Ziel als langfristige Klimapolitik

Das Abkommen von Paris hat die 2 °C-Grenze explizit als Ziel der internationalen Klimapolitik festgelegt, verbunden mit der Feststellung, dass eine Begrenzung des Anstiegs auf 1,5 °C wünschenswert sei. Um dieses Ziel zu erreichen, fordert das Pariser Abkommen, dass der Höhepunkt der Emissionen so schnell wie möglich erreicht werden soll und bis zum Ende des Jahrhunderts netto keine Treibhausgase mehr emittiert werden. Das bedeutet, Emissionen können dann nur noch in dem Umfang ausgestoßen werden, wie Ozeane, Land oder technische Systeme (z. B. Einlagerung im geologischen Untergrund) sie der Atmosphäre wieder entziehen.

Um das optimale Stabilisierungsniveau der globalen Mitteltemperatur bestimmen zu können, wäre es notwendig, die Kosten des Klimaschutzes den zu erwartenden Schäden des Klimawandels einerseits sowie den Kosten der Anpassung andererseits gegenüberzustellen. Diese Kosten-Nutzen-Analyse ist aber nur möglich, wenn zumindest alle relevanten Folgen des Klimawandels bzw. die Wahrscheinlichkeit ihres Eintretens bekannt sind. Auch müsste Einigkeit darüber bestehen, wie diese zu bewerten sind. Es kann jedoch kein ethischer Konsens darüber vorausgesetzt werden, wie Schäden, die in der zweiten Hälfte des 21. Jahrhunderts auftreten werden, den Vermeidungskosten gegenüberzustellen sind, welche vor allem heutige Generationen zu tragen haben. Darüber hinaus besteht auch keine Einigkeit über die Bewertung der weltweiten Ungleichheit in der Einkommens- und Vermögensverteilung, obwohl Annahmen darüber notwendig wären, um monetäre Schäden und Kosten zwischen verschiedenen Weltregionen vergleichbar zu machen. Die wissenschaftliche Debatte über die sogenannten «Social Costs of Carbon», die neben den biophysikalischen Auswirkungen des

Klimawandels und den Unsicherheiten über ihr Auftreten auch ihre jeweilige Bewertung diskutiert, ist hier zu keinem eindeutigen Ergebnis gekommen. Zwar zeigen einige Kosten-Nutzen-Analysen, dass die 2°C-Grenze durchaus optimal sein kann. Ändert man jedoch die normativen Annahmen durch die Veränderung der sozialen Diskontrate, ändert sich auch das Ergebnis drastisch: Je mehr das Wohl kommender Generationen gewichtet und je weniger Ungleichheit akzeptiert wird, umso ambitionierter ist das Temperaturziel.

Oft wird behauptet, das 2°C-Ziel sei längst nicht mehr erreichbar. Es ist richtig, dass eine rasche Absenkung der Emissionen zur Begrenzung des Anstiegs der globalen Mitteltemperatur auf 2°C gewaltige technische, ökonomische und politische Herausforderungen mit sich bringt. Wie wir später zeigen werden, spielt Energie aus Biomasse eine zentrale Rolle für das Erreichen ambitionierter Temperaturziele. So befürchten manche Autoren, die großskalige Nutzung von Biomasse könnte negative Auswirkungen auf die Biodiversität und die Verfügbarkeit von Ackerland, und somit von Nahrungsmitteln, haben. Auch wird immer wieder Besorgnis darüber geäußert, dass die Kosten der Emissionsminderungen vor allem für die Entwicklungsländer womöglich so hoch seien, dass diese sie kaum tragen könnten, wenn ihre Entwicklungsmöglichkeiten nicht begrenzt werden sollen. Wäre dies der Fall, dann wäre die 2°C-Grenze eine Leerformel, weil die Verminderung von Emissionen ebenfalls irreversible und großskalige Risiken mit sich brächte.

Es bedarf also einer Abschätzung der Kosten und Risiken der Emissionsbegrenzung sowie der dafür in Frage kommenden Möglichkeiten. Die Verfügbarkeit von Biomasse hängt stark von der zukünftigen Verbesserung der landwirtschaftlichen Erträge ab sowie von der Möglichkeit, Land, das nicht für die Nahrungsmittelproduktion genutzt werden kann, für den Anbau von Biomasse einzusetzen. Auf diese Weise könnte sichergestellt werden, dass die Nutzung von Biomasse als Energiequelle nicht zu einer Verknappung von Nahrungsmitteln führt. Die Risiken der Nutzung von Bioenergie lassen sich also durch eine vernünftige Agrarpolitik begrenzen. Eine erhebliche Verminderung der Kosten für Entwicklungsländer durch eine faire Lastenteilung mit den Industrieländern ist ebenfalls möglich. Durch finanzielle Unterstützung für die Ärmsten ließe sich ein möglicher Anstieg der Nahrungsmittelpreise aufgrund knappen Ackerlandes ausgleichen.

Wir resümieren: Mit der Festlegung auf das 2 °C-Ziel werden implizit empirische und normative Annahmen getroffen, die, obwohl vernünftig, sich nicht ausschließlich aus den biophysikalischen Folgen des Klimawandels ableiten lassen. Die 2 °C-Grenze setzt unter anderem voraus, dass

– mögliche großskalige und irreversible Klimafolgen auf ein akzeptables Niveau begrenzt werden, wenn diese Grenze eingehalten wird;
– die Arbeitsteilung zwischen Vermeidung und Anpassung mit den Forderungen der intra- und intergenerationellen Gerechtigkeit vereinbar ist;
– sie wirtschaftlich und technisch noch erreichbar ist, ohne andere Nachhaltigkeitsziele zu verletzen. Aus einer ethischen Perspektive kann es nur dann Verpflichtungen geben, wenn diese auch erfüllt werden können: Ein ethisches Sollen setzt immer ein Können voraus.

Die Sinnhaftigkeit der 2 °C-Grenze kann man genau dann in Frage stellen, wenn eine dieser drei impliziten Annahmen mit guten Gründen bestritten werden kann. So wird immer darauf hingewiesen, dass bereits bei einem Temperaturanstieg von 2 °C irreversible Schäden eintreten können und einige Entwicklungsländer die Grenzen ihrer Anpassungsfähigkeit erreichen. Dafür gibt es durchaus Hinweise. Dem steht jedoch gegenüber, dass die grundsätzliche Erreichbarkeit des 1,5 °C-Ziels in Frage steht. Die Festlegung auf die 2 °C-Grenze bringt daher einen pragmatischen Kompromiss zum Ausdruck, der den normativen Konflikten und den wissenschaftlichen Unsicherheiten Rechnung trägt. Doch steht dieses Ziel für eine Korrektur offen, sofern neue wissenschaftliche Einsichten gewonnen werden oder sich die normativen Grundvoraussetzungen mit guten Gründen bestreiten lassen. Das Pariser Abkommen legt eine Korrektur nach unten nahe.

Die Pfade der Transformation

Der klimapolitische Handlungsbedarf ergibt sich aus dem Vergleich zwischen dem, was ohne Klimapolitik geschehen würde, und dem, was notwendig ist, um ein gegebenes Temperaturziel zu erreichen. Dazu müssen Szenarien entworfen werden, die Auskunft über die Entwicklung von Bevölkerung, Wirtschaftswachstum und technischen Fortschritt sowie über die Verfügbarkeit fossiler Energieträger und die Kosten emissionsfreier Energietechnologien geben. Man nennt diese «Business-As-Usual»-Szenarien (BAU-Szenarien), weil sie eine Welt beschreiben, in der es zu keiner Klimapolitik kommt. Auf dieser Basis werden dann weitere Szenarien mit Hilfe von Computermodellen entwickelt, die zeigen, wie man von diesem «Weiter-so» abweichen kann, um ein bestimmtes Temperaturziel, wie beispielsweise das 2 °C-Ziel, zu erreichen. Diese speziellen Szenarien werden als Politikszenarien bezeichnet. Sie zeigen, in welchem Ausmaß das weltweite Energie- und Landnutzungssystem verändert werden muss, und werden daher auch oft als Transformationspfade bezeichnet. Man darf sie jedoch nicht als Prognosen verstehen. Stattdessen sollen diese Pfade die Zukunft ausleuchten, indem die Annahmen über diese Zukunft systematisch verändert werden. Dabei verlässt man sich nicht auf einen Pfad und ein Computermodell, sondern nutzt im Rahmen von Szenarien- und Modellvergleichen viele Pfade und Modelle, um auf diese Weise zumindest Größenordnungen und Zusammenhänge abschätzen zu können. Der Weltklimarat hat zu diesem Zweck mehr als 1200 Szenarien ausgewertet, um so den Entscheidungsträgern zumindest grobe Pfadbeschreibungen in einem bislang unbekannten Gelände anbieten zu können. Die hier beschriebenen Szenarien sind nicht in Form einer Kosten-Nutzen-Rechnung erstellt, sondern als sogenanntes Kosteneffektivitätskalkül. Dies bedeutet, dass die Emissionsverminderung so berechnet wurde, dass ein bestimmtes Temperaturziel, wie z. B. das 2 °C-Ziel, zu den geringsten Kosten erreicht wird. Diese Kostenminimierung ist notwendig, um keine Mittel zu verschwenden, die für andere wichtige politische Ziele einge-

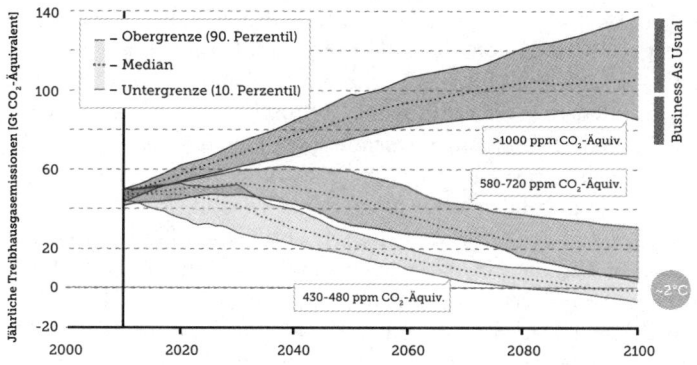

Abb. 9: Emissionspfade für verschiedene Stabilisierungsziele. Business-As-Usual-Emissionen würden zu einer atmosphärischen Treibhausgaskonzentration von mehr als 1000 ppm CO_2-Äquivalenten führen. Eine Stabilisierung der globalen Mitteltemperatur bei 2 °C oder weniger gegenüber dem vorindustriellen Niveau hingegen würde eine Konzentration von etwa 450 ppm CO_2-Äquivalenten erforderlich machen. Quelle: IPCC (2014b)

setzt werden könnten. Klimapolitik ist in diesem Fall kosteneffektiv, weil ein gegebenes Ziel mit dem geringstmöglichen Mitteleinsatz erreicht wurde. Damit wird jedoch nichts darüber ausgesagt, ob dieses Temperaturziel auch wünschenswert ist.

Die BAU-Szenarien gehen davon aus, dass ohne Klimapolitik die jährlichen Emissionen von etwa 49 Gt CO_2-Äquivalente im Jahr 2014 auf mehr als 100 Gt CO_2-Äquivalente gegen Ende des Jahrhunderts steigen (siehe Abbildung 9). Dieser Emissionspfad hätte eine Erhöhung der Konzentration von Treibhausgasen in der Atmosphäre von gegenwärtig 400 ppm CO_2-Äquivalenten auf mehr als 1000 ppm CO_2-Äquivalente zur Folge, was mit hoher Wahrscheinlichkeit zu einem Anstieg der globalen Mitteltemperatur von mehr als 4 °C führen würde. Die Szenarien berücksichtigen bereits, dass auch ohne Klimapolitik weitere Verbesserungen der Energieeffizienz stattfinden und sich die Kostenverringerung bei den erneuerbaren Energien fortsetzt. Nur genügen diese Entwicklungen bei weitem nicht, um den ständig wachsenden Energiehunger zu stillen. Stattdessen steigt in diesen BAU-Szenarien der Verbrauch fossiler Rohstoffe weiter deutlich an. Das zentrale Problem des 21. Jahrhunderts ist also gerade nicht die Knappheit fossiler Energieträger, sondern ihr reichhaltiges Vorkommen. Wenn wir die gesamten bekannten Reserven von Kohle, Öl und Gas verbrennen, wird die globale Mitteltemperatur mit einer Geschwindigkeit und in einem Ausmaß steigen, die für die gesamte Kulturgeschichte der letzten 15 000 Jahre ohne historisches Vorbild ist.

Aber was bedeutet es, wenn wir von diesem Pfad abweichen wollen? Um die 2 °C-Grenze einzuhalten, dürfen bis zum Ende des Jahrhunderts insgesamt nur noch etwa 800 Gt CO_2 ausgestoßen werden.[*] Selbst wenn die Emissionen auf ihrem derzeitigen Niveau verharren, wäre der verbleibende Deponieraum in der Atmosphäre in gut zwanzig Jahren ausgeschöpft. Soll also dieses Budget nicht überschritten werden, müssten 90 % der im BAU-Szenario genutzten Kohle und zwei Drittel des Erdgases und Erdöls ungenutzt im Boden bleiben. Zusätzlich würde der Kohlenstoffabscheidung und -speicherung, Carbon Capture and Sequestration (CCS), die auf S. 49 ff. noch ausführlicher diskutiert wird, eine wichtige Rolle zukommen (siehe Abbildung 10). Ambitionierte Klimapolitik wird daher dazu führen, dass die Vermögen der Besitzer von Kohle, Öl und Gas sinken werden. Ein starker Anpassungsdruck wird für rohstoffabhängige Volkswirtschaften entstehen. Den Vermögensverlusten von Eigentümern fossiler Energien stehen jedoch Vermögensgewinne für Investoren gegenüber, die ihr Geld in neuen, karbonarmen Technologien anlegen, aber auch die Einnahmen für die Finanz- und Umweltminister, die durch die Einführung von Steuern auf Treibhausgase entstehen.

Sollen die Emissionen möglichst kosteneffizient reduziert werden, so müsste deren Maximum bereits 2020 erreicht sein, um danach rasch zu sinken. Je später der Scheitelpunkt erreicht wird, desto drastischere Emissionsminderungen werden notwendig sein – was zu höheren Kosten führt, zu einem schnelleren Ausbau neuer Technologien, zu größerer Fehleranfälligkeit

---

[*] Das Karbonbudget ist in Einheiten von CO_2-Emissionen definiert. Diese liegen ca. 20 % unter den CO_2-Äquivalenten, die wir in diesem Buch als Maßgröße für THG-Emissionen zugrunde legen.

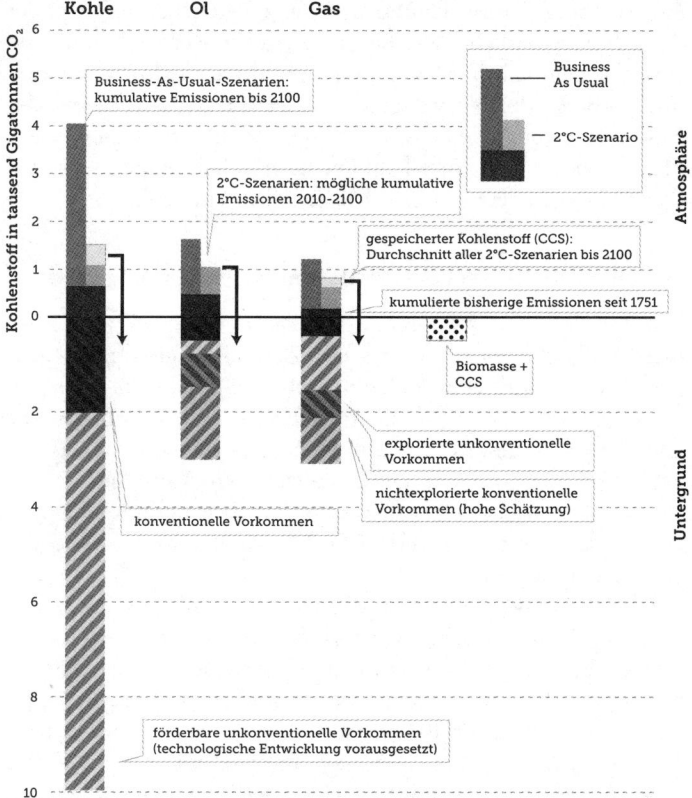

Abb. 10: Vorhandene Reserven an fossilen Energieträgern im Vergleich zu der Menge, die noch benutzt werden kann, um das 2 °C-Ziel zu erreichen. Quelle: Edenhofer et al. (2015)

und zu einer geringeren politischen Durchsetzbarkeit. Ein zu großer Zeitdruck, der keinen Raum lässt, um Menschen in Demokratien zu überzeugen, könnte die Erfolgschancen der ambitionierten Klimapolitik erheblich mindern.

Selbst bei einem weniger ambitionierten Temperaturziel, wie beispielsweise 3 °C, ist immer noch eine weitreichende Transformation des Energiesystems notwendig. Zwar ließe sich durch

eine solche Zielaufweichung ein wenig Zeit erkaufen, weil der
Wendepunkt zeitlich etwas hinausgeschoben werden könnte und
eine geringere jährliche Verminderung der Emissionen notwendig wäre. An der Notwendigkeit einer starken Absenkung der
Emissionen verglichen mit dem BAU-Verlauf würde dies jedoch
nichts ändern. Und vor allem: Die Menschheit müsste sehr bald
den Einstieg in eine effektive Klimapolitik finden.

Dem technischen Fortschritt eine neue Richtung geben

Zur Minderung der Treibhausgasemissionen stehen zwei zentrale Möglichkeiten zur Verfügung: Zum einen geringerer Energieverbrauch und zum anderen weniger Emissionen je Einheit
verbrauchter Energie. Die Energieeffizienz muss erhöht und die
CO_2-Intensität gesenkt werden, wenn der Transformationsprozess erfolgreich sein soll. Die Energieeffizienz kann durch einen
Strukturwandel oder durch veränderte Konsummuster gestei-
gert werden. Eine sinkende CO_2-Intensität hingegen benötigt
neue Technologien.

Konkret kann die Energieeffizienz durch die bessere Isolie-
rung von Häusern, erhöhte Effizienz von Beleuchtung, Produk-
tionsprozessen und Antriebstechnologien sowie den Ausbau
des öffentlichen Nahverkehrs bewerkstelligt werden. Der Umstieg vom Auto aufs Fahrrad sowie effizienteres Heizen und
Lüften vermindern den Energieverbrauch. Selbst ohne aktive
Klimapolitik, die die Umweltschäden der Energienutzung in die
Kalkulation mit einfließen lässt, könnten sich diese Einsparungen schon lohnen. Jedoch bleiben viele dieser Einsparpotentiale
aufgrund mangelnder Informationen, zu hoher Risikoaversion
oder ungenügendem Zugang zu Krediten ungenutzt. Doch sogar wenn alle diese Optionen ergriffen würden, ist es schwer
vorstellbar, dass damit 90 % der heute entstehenden Emissionen
eingespart werden könnten, wie dies für die Einhaltung der
2 °C-Grenze (im Vergleich zum BAU-Fall) nötig wäre.

Man wird also auch auf neue Technologien setzen müssen,
die die Kohlenstoffintensität verringern. Zwar wird es nötig
sein, dass alle Sektoren der Wirtschaft einen erheblichen Beitrag

dazu leisten, doch zwei Bereiche sind hierbei besonders wichtig, nämlich der Strom- und der Transportsektor. Für den Stromsektor stehen viele Optionen zur Verfügung, darunter auch solche, die vergleichsweise kostengünstig sind. Wir werden in diesem Abschnitt auch auf das umstrittene Thema der negativen Emissionen eingehen, ohne welche die 2 °C-Grenze wahrscheinlich nicht eingehalten werden kann.

Der Stromsektor

Die Stromgestehungskosten von Sonne, Wind, Wasserkraft, Geothermie und Gezeitenenergie sind in den vergangenen Jahren bereits deutlich gesunken. Berücksichtigt man jedoch die Kosten der Fluktuation der erneuerbaren Energien, so sind sie immer noch nicht gegenüber der Kohle konkurrenzfähig. Im Gegensatz zu fossilen Energieträgern sind Erneuerbare nicht auf Abruf verfügbar. Wann die Sonne scheint oder der Wind weht, lässt sich im besten Fall kurzfristig vorhersagen, beeinflussen kann man es nicht. Je höher der Anteil der Erneuerbaren ist, umso wichtiger wird es, Schwankungen der Sonneneinstrahlung oder Windgeschwindigkeit auszugleichen. Der Fluktuation erneuerbarer Energien lässt sich damit begegnen, dass Stromnetze über weite geographische Regionen miteinander verbunden werden und sich lokale Schwankungen so im Mittel ausgleichen. Zudem könnte z.B. Erdgas eine Brücke in eine emissionsfreie Weltwirtschaft darstellen. Da sich Gasturbinen schnell zu- und abschalten lassen, ließe sich der Anteil der Erneuerbaren auch dann schnell erhöhen, wenn noch keine Speichertechnologien vorhanden sind oder die geographische Verteilung des Stromnetzes keinen Ausgleich dieser Schwankungen ermöglicht. Denkbar ist ebenfalls eine flexible Regelung des Stromverbrauchs durch sogenannte «Smart-Grids», so dass Spitzen in der Nachfrage zu Zeiten geringen Stromangebots vermindert werden. Außerdem kann man Strom in Pumpspeicherkraftwerken speichern oder schnell regelbare Kapazitäten von Gasturbinen für den Bedarfsfall vorhalten. Dies führt jedoch zu zusätzlichen Kosten, die mit dem steigenden Anteil der erneuerbaren Energien am Stromangebot weiter zunehmen werden.

Die Kernenergie ist eine CO_2-arme Energiequelle, völlig CO_2-frei ist jedoch auch sie nicht. Zwar entsteht bei der Erzeugung von Strom aus Uran kein CO_2. Allerdings ist der Abbau des Brennstoffs energieintensiv, so dass die dabei anfallenden Emissionen auf die gesamte Lieferkette durchaus ins Gewicht fallen – zumindest wenn diese nicht ebenfalls durch geeignete Maßnahmen dekarbonisiert wird. Da Kernkraftwerke auf Grundlast ausgelegt sind, können sie sich nur schwer dem schwankenden Angebot erneuerbarer Energiequellen flexibel anpassen. Daher schließen sich ein hoher Anteil an Kernenergie und hohe Anteile erneuerbarer Energien gegenseitig aus. Man wird sich also entscheiden müssen, ob man hauptsächlich auf Kernenergie oder auf erneuerbare Energien setzen will. Dies stellt insofern kein großes Problem dar, als Kernenergie ohne erhebliche Zusatzkosten durch erneuerbare Energien ersetzt werden kann. Ambitionierter Klimaschutz ist auch ohne Kernenergie möglich, falls die mit ihr einhergehenden Risiken von der Gesellschaft als zu hoch betrachtet werden.

Der Transportsektor

Im Transportsektor gibt es derzeit noch relativ wenige kostengünstige Alternativen zum Erdöl, so dass in diesem Bereich die Minderung der Emissionen kurz- und mittelfristig eher schwierig zu bewerkstelligen ist. Mittelfristig könnte die Elektrifizierung dieses Sektors eine vielversprechende Möglichkeit sein, da sich Strom verhältnismäßig einfach und kostengünstig aus Erneuerbaren oder Kernenergie produzieren lässt. Denkbar ist eine Nutzung der Elektroautos als Bestandteile von «Smart-Grids» als Speicher, die überschüssigen erneuerbaren Strom aufnehmen und diesen bei Bedarfsspitzen ans Netz zurückgeben. Bislang steht die Elektromobilität erst am Beginn der Markteinführung. Dies hat zum großen Teil mit der geringen Reichweite und den hohen Kosten der verwendeten Batterien zu tun. Eine Wettbewerbsfähigkeit der Elektromobilität setzt eine Halbierung dieser Kosten voraus und dabei eine Verdopplung ihre Leistungsfähigkeit. Auch der Wasserstoffantrieb hat bisher nicht den Grad an technischer Reife erreicht, mit der er als realistische Alternative zum klassischen Verbrennungsmotor in Frage käme.

Ottomotoren könnten mit Bioethanol oder Biodiesel emissionsfrei betrieben werden. Diese Kraftstoffe sind den erdölbasierten recht ähnlich und werden in vielen Ländern bereits zu einem gewissen Grad standardmäßig beigemischt. Ob die benötigte Menge an Biomasse allerdings emissionsfrei produziert werden kann, ist ungewiss. Sollte deren Produktion die Rodung von Urwäldern oder die Trockenlegung von Mooren voraussetzen, ist für das Klima nichts gewonnen. Dazu kommen Sorgen über die Nachhaltigkeit großskaliger Energieproduktion aus landwirtschaftlichen Produkten, auf die wir im Folgenden näher eingehen.

Industrie- und Agrarsektor

Zur Dekarbonisierung der Industrie bietet sich ebenfalls ein weitreichender Umstieg auf Strom an (der, wie erwähnt, verhältnismäßig einfach emissionsfrei erzeugt werden kann). Nur für relativ wenige Industrien ist eine Elektrifizierung nicht attraktiv, so dass hier andere Wege gefunden werden müssten. Dies trifft auch auf sogenannte Prozessemissionen zu. Dabei handelt es sich um Emissionen, die nicht durch Energiegewinnung, sondern durch chemische Prozesse, zum Beispiel in der Erdölchemie, zustande kommen. Möglichkeiten zur Vermeidung dieser Emissionen beinhalten die Substitution der betroffenen Produkte sowie – zumindest für gewisse Anwendungen – den Einsatz der Kohlenstoffabscheidung und -speicherung (Carbon Capture and Sequestration, CCS), bei der anfallendes CO_2 nicht in die Atmosphäre entlassen, sondern in unterirdischen geologischen Formationen gespeichert wird.

In der Landwirtschaft ist der Ausstoß von Lachgas, etwa durch sparsameren Umgang mit Dünger, deutlich reduzierbar. Manche dieser Management-Praktiken könnten sich wirtschaftlich lohnen, selbst wenn man ihren Wert für den Klimaschutz nicht mit in Betracht zieht. Mit Hilfe neuer Methoden des Pflügens lassen sich Böden als CO_2-Speicher erhalten. Auch ein geringerer Fleischkonsum kann eine große Rolle in der Klimapolitik spielen. Denn die Umwandlung von pflanzlicher Nahrung in nutzbare Energie im menschlichen Organismus verläuft weniger effizient, wenn ein tierischer Organismus als Zwischenschritt genutzt wird. Eine vegetarische Ernährung aller Menschen weltweit könnte die Treibhausgasemissionen aus der Landwirtschaft, welche etwa 14% der Gesamtemissionen ausmachen, um etwa ein Drittel, eine rein vegane Ernährung sogar um die Hälfte senken.

Die Notwendigkeit negativer Emissionen

Ambitionierte Klimaschutzszenarien erfordern negative Emissionen, also das Entziehen von CO_2 aus der Atmosphäre. Beim Bioenergy with Carbon Capture and Storage (BECCS) wird das bei der Verbrennung von Biomasse erzeugte CO_2 eingefangen und in unterirdischen Lagerstätten verpresst. Da Pflanzen beim Wachstumsprozess der Atmosphäre CO_2 entziehen, das bei der Verbrennung mit anschließendem Einfangen nicht mehr emittiert wird, stellt BECCS eine vielversprechende Option dar, um negative Emissionen zu erzeugen. Daher könnte sich diese Technik als zentraler Bestandteil ambitionierter Klimaschutzstrategien erweisen. Eine Nutzung fossiler Energieträger wäre dann ein wenig länger möglich, weil nicht mehr die Atmosphäre als Deponieraum beansprucht würde, sondern der geologische Untergrund. Eine schlechte öffentliche Reputation hat CCS vor allem darum, weil es als Vorwand für die verlängerte Nutzung der Kohle empfunden wird.

Die CCS-Technik und die damit verbundene Logistik sind bisher auch nicht so ausgereift, dass sie bereits in großem Maßstab genutzt werden könnten. Zwar sind die Abscheidungstechnologien und der Transport technisch verstanden, die Verfügbarkeit von sicheren Lagerstätten ist aber noch zu wenig erforscht. Auch sie ist nicht ohne Risiko. Entweicht auch nur ein geringer Anteil des gespeicherten CO_2, wäre der positive Klimaeffekt bereits zunichtegemacht. Der mangelnden Nutzung von CCS stehen aber vor allem ökonomische und politische Gründe entgegen: Solange es keinen Preis für Emissionen gibt, hat kein Unternehmen ein Interesse, sich dieser Technik zu bedienen. Auch dürften derartige Infrastrukturprojekte in vielen

Ländern auf erheblichen Widerstand in der Bevölkerung stoßen.

Eine weitere Möglichkeit, um negative Emissionen zu erreichen, ist die Aufforstung ebenso wie das Einbringen von Holzkohle in Böden, wo sie gleichzeitig als Dünger fungieren würde («Biochar»). Auch die beschleunigte Verwitterung bestimmter Mineralien, wie beispielsweise Kalzit, wird diskutiert. Dieser natürliche Prozess, bei dem CO_2 aus der Atmosphäre gebunden wird, ließe sich durch das Verstreuen von zerkleinerten Mineralien beschleunigen. Ebenfalls diskutiert wird die Ozeandüngung, also das Einbringen von Eisen. Diese könnte das Algenwachstum enorm beschleunigen. Die Algen wären dann in der Lage, CO_2 aus der Atmosphäre aufzunehmen. Die möglichen Konsequenzen dieser Maßnahme für die Nahrungskreisläufe in der Meeresbiologie sind bislang nur unzureichend erforscht. Zudem wäre ein Herausfiltern bereits ausgestoßener Emissionen aus der Luft mit künstlichen Bäumen, bei denen durch chemische Prozesse CO_2 gebunden wird (Direct Air Capture), denkbar. Da der Anteil von CO_2 in der Luft mit etwa 400 ppm, also 0,04 %, ziemlich gering ist, wäre ein solches Verfahren jedoch schon aus technischen Gründen aufwändig und kostspielig. Sicherlich wäre keine dieser Optionen ein Allheilmittel, aber in einem ausgewogenen Portfolio klimapolitischer Maßnahmen könnten sie einen signifikanten Beitrag zur Vermeidung gefährlichen Klimawandels leisten.

Die Kosten und Risiken des Klimaschutzes

Worauf müssen wir verzichten, wenn wir Klimaschutz betreiben? Kann die Gesellschaft dann weniger in Bildung oder Gesundheitsfürsorge investieren? Um solche Fragen zu beantworten, messen Ökonomen volkswirtschaftliche Kosten immer als Opportunitätskosten. Natürlich kann man auch die Frage stellen, was die Gesellschaft gewinnt, wenn sie Klimapolitik betreibt. Bereits in Kapitel 1 haben wir argumentiert, dass wir keine Kosten-Nutzen-Analyse erstellen können. Daher verzichten wir auf eine monetäre Bewertung der Vorteile eines Klimaschutzes. Vielmehr muss es darum gehen, Wege aufzuzeigen, bei denen Klimaschutz in keinem Widerspruch zu anderen grundlegenden menschlichen Bedürfnissen steht.

Der Weltklimarat verwendet als Maß für die Kosten die volkswirtschaftlichen «Konsumverluste». Diese geben an, auf wie viel Einkommen, das ansonsten in anderen Bereichen eingesetzt werden könnte, man verzichten muss, um eine Stabilisierung des Klimasystems zu erwirken. Dabei geht es nicht nur um den privaten, sondern auch um den öffentlichen Konsum. Diese Berechnungen kommen zu dem Ergebnis, dass selbst für ein ambitioniertes 2 °C-Ziel die globalen Kosten relativ moderat ausfallen und das weltweite Bruttoinlandsprodukt (BIP) bis zum Jahr 2100 im Mittel nur um etwa 5 % zurückginge, wie in Abbildung 11 dargestellt. In absoluten Zahlen wäre dies natürlich immer noch ein hoher Betrag von – umgerechnet auf das aktuelle BIP – fast 3000 Mrd. € pro Jahr. Man muss diesen Wert jedoch unter folgendem Gesichtspunkt betrachten: Umgelegt auf die jährliche Wachstumsrate würde er einer Verringerung von nur 0,06 % entsprechen. Somit hätte man beispielsweise anstatt 2 % nur noch 1,94 % Wachstum pro Jahr. Obwohl die verschiedenen Modelle voneinander abweichen, schwankt die Reduktion der jährlichen Wachstumsrate lediglich zwischen 0,04 % und 0,14 %. Auf eine verkürzte und griffige Formel gebracht: Es kostet nicht die Welt, den Planeten zu retten – darum lohnt sich Klimaschutz. Allerdings können die Kosten regional sehr unterschiedlich sein und besonders für arme Länder ein Hindernis darstellen, zumindest wenn sie keine finanzielle Unterstützung zur Emissionsminderung erhalten.

Die Kosten für ambitionierten Klimaschutz könnten beträchtlich steigen, wenn bestimmte Technologien nur begrenzt oder gar nicht zur Verfügung stehen oder die Klimapolitik erst mit substantieller zeitlicher Verzögerung eingeführt wird. Das 2 °C-Ziel ist nicht mehr zu erreichen, wenn der Ausbau erneuerbarer Energien stark eingeschränkt wird oder auf CCS in Verbindung mit Biomasse verzichtet werden muss. Das ist umso bemerkenswerter, als hier verschiedene Modelle mit unterschiedlichen Weltsichten verglichen wurden, die zu folgen-

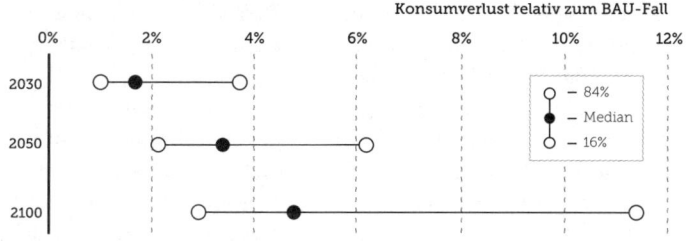

Abb. 11: Schätzungen der Kosten der Emissionsminderung zum Erreichen des 2°C-Ziels im Jahr 2030, 2050 und 2100. Die Spannbreite gibt die Konsumverluste relativ zum Business-As-Usual für verschiedene Modellszenarien an. Über das 21. Jahrhundert würde Klimaschutz die jährliche Wachstumsrate der globalen Wirtschaftsleistung um etwa 0,06 Prozent verringern. Schäden durch die Auswirkungen des Klimawandels sind hierin nicht berücksichtigt. Quelle: IPCC (2014b)

dem robusten Ergebnis kommen: Eine verzögerte Klimapolitik erhöht die Kosten und lässt den Einsatz riskanter und nicht erprobter Vermeidungsoptionen notwendig werden. Die Einschränkung des Technologie-Portfolios führt umso stärker zu steigenden Kosten, je ambitionierter das Stabilisierungsziel und je ausgeprägter die Verzögerung ist. Je weniger Biomasse und CCS eingesetzt werden, beispielsweise aufgrund mangelnder sozialer Akzeptanz oder um Konkurrenz mit Nahrungsmittelproduktion zu vermeiden, desto größer ist der Anstieg der Kosten.

Die großskalige Nutzung von Biomasse gehört zu den wichtigsten Risiken einer ambitionierten Klimapolitik. Manche Szenarien gehen davon aus, dass mehr als ein Drittel der globalen Ackerfläche für den Anbau von Pflanzen zur Erzeugung von Bioenergie genutzt wird. Als Folge der daraus entstehenden Konkurrenz um fruchtbaren Boden könnte es zu einem beträchtlichen Anstieg der Preise für Nahrungsmittel kommen, was vor allem die Ärmsten schädigt, die ihr Dasein ohnehin bereits am absoluten Existenzminimum fristen müssen. Die steigende Nachfrage nach Ackerland führt auch zu verstärkter Entwaldung und würde damit nicht nur Treibhausgasemissionen erzeugen, sondern auch die Biodiversität, etwa im Amazonas, in Mitleidenschaft ziehen. Der zusätzliche Wasserverbrauch des extensiven Biomasseanbaus gefährdet außerdem Grundwasservorräte und verschärft die schon bestehende Wasserknappheit noch weiter. Eine nachhaltige Nahrungs- und Wasserversorgung der Erdbevölkerung, die gegen Ende des Jahrhunderts wohl auf mindestens 9 Milliarden Menschen angewachsen sein wird, kann dann nur durch eine drastische Steigerung der landwirtschaftlichen Erträge ermöglicht werden, zum Beispiel durch neue, effizientere Management-Methoden und neue Pflanzenzüchtungen, die auf wenig fruchtbaren Flächen angebaut werden können.

Die Kernkraft birgt ebenfalls große technische Risiken. Selbst bei gewissenhafter Planung lässt sich die Wahrscheinlichkeit katastrophaler Zwischenfälle, wie beispielsweise Terroranschläge, nicht auf null reduzieren. Ein weltweit starker Ausbau der Kernenergie verbunden mit Brütertechnologien, die zusätzlich zur Energiegewinnung auch spaltbares Material erzeugen, erhöht die Wahrscheinlichkeit, dass kernwaffenfähiges Material in die Hände extremistischer, instabiler Regime gerät. Auch ist die Lagerung des atomaren Abfalls bislang nicht zufriedenstellend gelöst.

Die Risiken eines Austritts von CO_2 aus geologischen Lagerstätten für Umwelt und Gesundheit sind relativ gering, da CO_2 keine giftige Substanz ist. Unterirdisch eingebrachtes CO_2 könnte jedoch Grundwasser versauern und zu einer erhöhten Konzentration von Arsen, Blei und Quecksilber führen, da sich diese Giftstoffe im Kontakt mit CO_2 besser lösen. Diese Befürchtungen haben zur Konsequenz, dass in mehreren Ländern eine Zulassung entsprechender Technologien selbst zu Testzwecken abgelehnt wurde. Solche Ängste mögen unbegründet sein. Gleichwohl vermochten Politik und Industrie bislang nicht, mit der lokalen Bevölkerung in einen produktiven Dialog über die Risiken zu treten.

Erneuerbare Energien sind – trotz ihres guten Rufes – ebenfalls nicht risikofrei. Das Aufstauen ganzer Täler für Wasserkraftwerke führt häufig zur Beeinträchtigung der Artenvielfalt. Für den Bau gigantischer Wasserkraftwerke werden oft Hunderttausende Menschen zwangsweise umgesiedelt, wie das Beispiel des Drei-Schluchten-Staudamms in China auf erschreckende Weise belegt. In Deutschland sterben durch Windräder jährlich zwischen zehn- und hunderttausend Vögel, begleitet vom lautstarken Protest der Tierschützer.

Die Weltgemeinschaft hat sich im Abkommen von Paris ein ambitioniertes Klimaziel gesetzt. Es ist jetzt an den nationalen Regierungen zu entscheiden, wie dieses Ziel erreicht werden soll. Die Regierungen werden daher mit der Bevölkerung in einen Dialog darüber treten müssen, welche Techniken zum Einsatz kommen sollen. Auch ein Dialog über die Risiken dieser Transformation ist unverzichtbar, wenn nicht am Ende die Klimapolitik auf nationaler und lokaler Ebene scheitern soll.

Eine stringente Klimapolitik wird zu einer Umlenkung von Investitionsströmen führen. Die Investitionen zur Stromerzeugung aus fossilen Energieträgern müssten zum Erliegen kommen, Ausgaben zur Erkundung und Förderung fossiler Ressourcen von momentan etwa 100 Mrd. € pro Jahr unterbleiben. Dem entgegen stünde eine Erhöhung der Investitionen in Energieeffizienz und erneuerbare Energietechnologien um mehrere hundert Mrd. € pro Jahr. Klimapolitik würde nicht nur Gewinner produzieren, sondern auch manche etablierte Industrien existentiell gefährden. Das macht deren teils massiven Widerstand gegen Klimaschutzmaßnahmen verständlich – angesichts der Risiken des Klimawandels ist er aber nicht zu rechtfertigen.

Wachstumsverzicht und Klimaschutz

Der Verzicht auf Wirtschaftswachstum wird als wichtiger Beitrag zum Klimaschutz diskutiert. Das ist auf den ersten Blick verständlich, denn das Wirtschaftswachstum ist der wichtigste Grund, warum die Emissionen in der Vergangenheit so stark gestiegen sind, sogar noch vor dem Bevölkerungswachstum. Darum erscheint es hilfreich, zwei Fragen zu beantworten: Erstens, ist Wirtschaftswachstum trotz der begrenzten CO_2-Auf-

nahmefähigkeit der natürlichen Senken möglich? Zweitens, ist
Wirtschaftswachstum überhaupt wünschenswert?

Dass es in einer physisch begrenzten Welt kein unbegrenztes
Wachstum der Bevölkerung und des Energieverbrauchs geben
kann, ist eine Binsenweisheit. Allerdings geht dies an der Frage
vorbei, ob Wirtschaftswachstum, das ja eine Geldgröße ist, von
physischen CO_2-Emissionen entkoppelt werden kann. Die Kritiker des Wachstums wenden ein, dass es für eine solche Ent-
koppelungsstrategie zur Reduzierung der Emissionen einer
Transformation der Weltwirtschaft bedürfe, die bislang ohne
historisches Vorbild sei. Darum, so das Argument, könne der
Umbau der Wirtschaft langsamer vorangetrieben werden, wenn
man auf deren Wachstum vollständig verzichte. Man könnte
dann auch auf riskante Technologien wie Biomasse, CCS und
Kernenergie verzichten. Diese Hoffnung hat sich jedoch als trü-
gerisch erwiesen. Auch bei geringem Wirtschaftswachstum sind
immer noch große Fortschritte bei der Dekarbonisierung notwendig und das Portfolio der Vermeidungsoptionen ändert sich
nicht wesentlich. Selbst bei einem angenommenen Nullwachs-
tum müsste die Kohlenstoffintensität (gemessen in Emissionen
pro Einheit BIP) pro Jahr um mehr als 5 % sinken, um ambitionierte Klimaziele wie das 2 °-Ziel zu erreichen. Für das 1,5 °C-
Ziel müssten noch sehr viel höhere Reduktionsraten erbracht
werden. Das heißt, dass das globale Energiesystem fundamen-
tal umgebaut werden muss, selbst in dem Fall, dass die Weltwirtschaft nicht mehr wächst.

Wenn Technologien gesellschaftliche Kosten und Risiken ver-
ursachen, entsteht daraus die Notwendigkeit, diese Kosten den
Nutzern der Technologien anzurechnen. Ein genereller Wachs-
tumsverzicht könnte dies nicht leisten. Er würde lediglich zu
Kosten von mehr als 1500 US$ pro eingesparter Tonne CO_2-
Äquivalente führen,[*] ohne dabei die sozialen Risiken der Tech-

---

[*] Wenn man davon ausgeht, dass eine Reduktion der Wirtschaftsleistung um ein Prozent die Emissionen ebenfalls um ein Prozent senkt, ergibt dies bei einem gegenwär-
tigen globalen BIP von ca. 76 Billionen US$ und einem Treibhausgasausstoß von etwa
49 Gt CO_2-Äquivalenten eine Verringerung des BIP von gut 1500 US$ pro eingesparter
Tonne CO_2-Äquivalente.

nologien angemessen zu berücksichtigen. Die Einhaltung der 2 °C-Grenze wäre aber bereits mit einem sehr viel niedrigeren Preis pro eingesparter Tonne CO_2-Äquivalente möglich, insofern er einen Suchprozess nach den günstigsten Vermeidungsoptionen freisetzt, etwa den Ersatz von Kohlekraftwerken durch Windräder. Wenn durch entsprechende Anreizmechanismen dem technischen Fortschritt eine neue Richtung gegeben werden kann, so dass Wirtschaftswachstum und Emissionsminderung nicht im Widerspruch zueinander stehen, ist Wachstumsverzicht nicht zwingend notwendig für ambitionierten Klimaschutz. Die hierfür nötigen politischen Rahmenbedingungen werden in Kapitel 4 diskutiert.

Die Befürworter eines Wachstumsverzichts argumentieren, dass Wirtschaftswachstum zumindest in den reichen Ländern längst nicht mehr zu besseren Lebensbedingungen führt. Mit anderen Worten, während das Sozialprodukt weiter steigt, stagniert die Lebenszufriedenheit. Selbst wenn dieser empirische Befund umstritten ist, so zeigt er doch, dass Lebenszufriedenheit und Wirtschaftswachstum auseinanderfallen können. Wirtschaftswachstum ließe sich normativ nur dann rechtfertigen, wenn es stark mit der Lebenszufriedenheit oder, allgemeiner formuliert, mit Wohlstand im Sinne guter Lebensbedingungen korreliert. Die Diskussion um die normative Rechtfertigung des Wirtschaftswachstums ist daher eine Diskussion darüber, was eigentlich unter Wohlstand zu verstehen sei. Es dürfte klar sein, dass Wirtschaftswachstum kein Ziel an sich sein kann, sondern lediglich ein Mittel, um grundlegende Werte wie Freiheit oder Glück zu erreichen. Daraus folgt aber keineswegs, dass eine Schrumpfung des Sozialproduktes sinnvoll wäre; denn dies würde bedeuten, dass auch weniger Investitionen, beispielsweise in das Gesundheits- oder Bildungswesen, getätigt werden könnten. Dies ist insbesondere für arme Länder, von denen in den vergangenen Jahren bereits der größte Teil des globalen Treibhausgasausstoßes stammte und für die ein starker Anstieg der zukünftigen Emissionen erwartet werden kann, von wesentlicher Bedeutung.

Halten wir fest: Wirtschaftswachstum und Klimaschutz sind

miteinander vereinbar; ein Wachstumsverzicht ist eine kostspielige Option des Klimaschutzes. Wirtschaftliche Anreize für Innovationen können dem technischen Fortschritt eine neue Richtung geben und auf diese Weise die Kosten des Klimaschutzes entscheidend reduzieren. Damit ist aber noch nichts darüber ausgesagt, ob Wirtschaftswachstum wünschenswert ist. Man sollte nicht den Fehler begehen, im Namen des Klimaschutzes Wachstumsverzicht zu fordern. Die Debatte um den Wachstumsverzicht in den reichen Ländern kann von der Klimapolitik entkoppelt werden. In den Entwicklungs- und Schwellenländern wird ohnehin weiteres Wirtschaftswachstum notwendig sein, um gleichzeitig in Klimaschutz und Armutsbekämpfung zu investieren.

Anpassung – auch bei erfolgreicher Klimapolitik unvermeidlich

Selbst wenn es gelingen sollte, die Erhöhung der globalen Mitteltemperatur auf 2 °C zu begrenzen, wird die Erwärmung in manchen Gegenden der Welt deutlich höher als im weltweiten Durchschnitt ausfallen. Die daraus resultierende Anforderung für Gesellschaften heißt Anpassung: durch den Bau höherer Deiche; die Verbesserung der Bewässerungssysteme; die Züchtung neuer Pflanzensorten, welche gegen Wasserknappheit resistenter sind; die Installation von Klimaanlagen in Altenheimen, damit alte Menschen Hitzewellen besser überstehen. Bei der Anpassung geht es aber nicht nur um technische Maßnahmen, sondern auch darum, wie ganze Gesellschaften flexibel auf die – oft unvorhergesehenen – Auswirkungen des Klimawandels reagieren können. Um den Anforderungen veränderter Krankheitsbilder gerecht zu werden, sind Reformen der Gesundheitssysteme unabdingbar. Bauern hingegen benötigen eine bessere Absicherung gegen Klimaschäden.

Auch bei einer erfolgreichen Klimapolitik werden sich Menschen an den unvermeidbaren Klimawandel anpassen, indem sie vor ihm fliehen. In der Wissenschaft wird seit geraumer Zeit darüber diskutiert, ob der Klimawandel die Flüchtlingskrise mit verursacht haben könnte. Die Dürre in Syrien zwischen 2006 und 2010 war den Daten zufolge die schlimmste der letzten 900 Jahre. Aufgrund dieser Dürre sind etwa 20 000 Menschen geflohen. Diese Flucht, so die Vermutung mancher Forscher, hätte dann 2011 zu den Aufständen geführt, die wiederum Auslöser für den Bürgerkrieg gewesen seien. Andere widersprechen dieser einfachen Kausalkette und weisen darauf hin, dass die Streichung der Subventionen durch die Assad-Regierung die Aufstände ausgelöst hat, weil davon vor allem die arme Bevölkerung betroffen gewesen sei. Auch wurde darauf hingewiesen, dass der Einbruch in der Nahrungsmittelproduktion hauptsächlich durch eine Verschwendung der fossilen Grundwasservorkommen ausgelöst wurde. Zudem konnten Forscher bislang nicht nachweisen, dass sich die Anzahl von Dürren in Afrika in den letzten Jahren statistisch in signifikanter Weise erhöht habe, so ein weiteres Argument. Es ist daher bislang unklar, ob der Klimawandel bereits jetzt für die vermehrten Dürren verantwortlich ist. Doch selbst wenn der Klimawandel für die Dürren verantwortlich gewesen sein sollte, hätte man durch eine vernünftige Politik Hunger, Flucht und Vertreibung vermeiden können.

Die entscheidende Frage ist also nicht, ob der Klimawandel oder die Politik die Menschen in die Flucht getrieben hat. Der Klimawandel wird in Zukunft die Anzahl der Dürren in Afrika weiter erhöhen und das Armutsgefälle zwischen Europa und Afrika wird wahrscheinlich weiter zunehmen. Es ist ein plausibles Szenario, dass künftig mehr Menschen nach Europa fliehen werden. Aber schon heute hat die Zuwanderung von mehr als einer Millionen Menschen im Jahr 2015 zu einer politischen Krise geführt, die die Lösungskapazitäten der europäischen Regierungen überfordert. Der Klimawandel wird selbst bei erfolgreicher Klimapolitik auch reichen Gesellschaften sehr viel höhere Anpassungsleistungen abverlangen, von denen unklar ist, ob diese sie erbringen können. Ohne Maßnahmen zum Klimaschutz könnten die Folgen eines ungebremsten Temperaturanstiegs die Anpassungsfähigkeit vieler Länder übersteigen.

Solar Radiation Management – der letzte Pfeil im Köcher?

Wenn die ambitionierte Klimapolitik scheitert und die Anpassung ihre Grenzen erreicht, hat die Menschheit dann nur noch eine letzte Option – das Geo-Engineering? In diesem Abschnitt wollen wir darstellen, wie sich der Einfall von Sonnenlicht vermindern lässt (Solar Radiation Management, SRM), um damit eine weitere Erwärmung zu vermeiden.

Der erste ernsthafte Vorschlag zu SRM stammt von Paul Crutzen, der für seine Forschung zum Ozonloch mit dem Nobelpreis für Chemie ausgezeichnet wurde. Crutzen regte im Jahr 2006 an, Schwefeldioxid in die Stratosphäre zu befördern. Die Mikropartikel würden einfallendes Sonnenlicht reflektieren und somit den Energiehaushalt der Atmosphäre in die gewünschte Richtung beeinflussen. Der Vorteil dieses Ansatzes ist, dass er relativ leicht und kostengünstig zu realisieren wäre. Einige wenige Düsenjets würden ausreichen, um das erforderliche SO_2 einzubringen, alternativ könnte man es auch dem Flugbenzin normaler Linienmaschinen beimischen. Sollten sich unvorhergesehene Nebenwirkungen ergeben, wäre eine sofortige Beendigung der Maßnahmen möglich, da sich SO_2 in wenigen Wochen durch Regen aus der Atmosphäre löst. Der kontinuierliche Einsatz von SO_2, das nur begrenzte Zeit in der Atmosphäre verbleibt, hätte jedoch sauren Regen zur Folge. Entscheidender ist, dass durch SRM-Ansätze bestenfalls die globale Mitteltemperatur stabilisiert würde. Eine Veränderung des regionalen Klimas träte aufgrund veränderter Wolkenbildung und hydrologischer Zyklen trotzdem ein. Eine Verwendung von SRM als Ersatz für Emissionsminderungen hätte zudem einen weiteren Anstieg der CO_2-Konzentration und eine Versauerung der Ozeane zur Folge. Marine Ökosysteme, die für die Ernährung der Menschheit im 21. Jahrhundert eine zentrale Rolle spielen könnten, würden damit weiter geschädigt.

Der Vorschlag des ehemaligen US-Energieministers Steven Chu, Dächer und Straßen weiß zu streichen, um damit mehr Sonnenlicht zu reflektieren, erscheint machbar, allerdings dürfte auch dessen Wirksamkeit begrenzt sein. Andere Ideen, wie beispielsweise die Installation riesiger Spiegel im Weltraum, die Sonnenlicht von der Erde abhalten sollen, mögen interessante Science-Fiction-Optionen sein, auf die die Klimapolitik der nächsten Dekaden jedoch nicht setzen sollte.

Manche Vorschläge zur praktischen Umsetzung von SRM sind relativ kostengünstig und können von einzelnen Ländern im Alleingang eingesetzt und für die Weltgemeinschaft bereitgestellt werden. Eine Kooperation der internationalen Staatengemeinschaft wäre auf den ersten Blick gar nicht notwendig. Zwar legt die Environmental Modification Convention fest, dass Eingriffe ins Wetter (wie bereits in vielen Fällen geschehen, um etwa gezielt Regen zu erzeugen) nicht in feindlicher Absicht getätigt werden dürfen. Für SRM lässt sich diese Konvention aber kaum anwenden. Der unilaterale Einsatz von SRM könnte sich für manche Länder als nachteilig herausstellen, was dann deren Widerstand gegenüber entsprechenden Maßnahmen zur Folge hätte. Die Hoffnung, ein internationales Abkommen zu SRM sei leichter zu vereinbaren als ein Abkommen zur Begrenzung des Klimawandels, wird sich schnell als Illusion herausstellen. Bei fortschreitendem Klimawandel – und den damit verbundenen Schäden – könnte sich ein Land zum Einsatz von SRM entscheiden, ohne dabei die möglichen negativen Auswirkungen für andere Länder zu berücksichtigen. Verstärkte Konflikte, sogar Kriege, könnten die Folge einer solchen Entwicklung sein.

Fassen wir zusammen: Es wäre grob fahrlässig, würde man auf SRM-Optionen Wetten abschließen und damit die Verminderung von Emissionen unterlassen. Aber wäre es nicht trotzdem sinnvoll, diese Möglichkeiten des SRM weiter zu erforschen, um sie zumindest als Versicherung gegen das Scheitern einer ambitionierten Klimapolitik in der Hinterhand zu haben? An dieser Frage scheiden sich die Geister. Die einen drängen darauf, alle Optionen zu explorieren, um klimapolitischem Handeln die größtmögliche Flexibilität zu ermöglichen. Die anderen aber warnen davor, dass SRM als «Plan B» unweigerlich dazu führen wird, Emissionsminderungen auf die lange Bank zu schieben. SRM würde dann zu einer sich selbst erfüllenden

Prophezeiung. Dieses Dilemma lässt sich nur dann entschärfen, wenn ein rascher Einstieg in eine effektive Klimapolitik gefunden werden kann. Ein schneller Einstieg in eine effektive Klimapolitik sollte auch im Interesse der Verfechter von Plan B sein. Denn auch diese geben zu, dass der Einsatz von SRM-Techniken mit großen Risiken verbunden ist. Auch ihr Ziel müsste sein, dass es in der nächsten Dekade zu einer ambitionierten Klimapolitik kommt, weil sich nur so die Risiken dieser Technologie begrenzen lassen.

Aus diesem Grund sollte die Diskussion über Geo-Engineering nicht von der zentralen Aufgabe der Klimapolitik ablenken, die Atmosphäre als globales Gemeinschaftseigentum der Menschheit nachhaltig zu bewirtschaften. Die hierfür notwendige Festlegung von Nutzungsrechten, ihre Verteilung und zeitliche Begrenzung erfordert eine weltweite Übereinkunft. Je begrenzter der Deponierraum ist, desto intensiver dürften die Konflikte um diese Nutzungsrechte sein. Noch hat die Menschheit wenig Erfahrung mit der gerechten und effizienten Nutzung globaler Gemeinschaftsgüter. Daher kommt, wie im folgenden Kapitel dargestellt wird, der Klimapolitik eine besondere Bedeutung zu. Sie hat für die internationale Kooperation auf vielen Feldern eine Vorbildfunktion.

4. Instrumente und Institutionen der Klimapolitik

Klimapolitik ist eine globale Herausforderung. Aber wer kann dem Klimawandel Einhalt gebieten? Wenn alle verantwortlich sind, dann ist keiner verantwortlich. Sollen wir weniger Fleisch essen, sollen die Regierungen die erneuerbaren Energien subventionieren? Soll Deutschland voranschreiten oder sollen wir auf die nächste Klimakonferenz warten? Die Beantwortung dieser Fragen läuft meist Gefahr, in ein unproduktives Entweder-oder abzugleiten. Dabei wird Klimapolitik nur dann erfolgreich sein können, wenn sie auf fünf Ebenen ansetzt.

Auf *internationaler Ebene* müssen Klimadiplomaten ein internationales Abkommen aushandeln. Wir werden zeigen, wie nationale Klimapolitik und individuelle Anstrengungen ins Leere laufen, wenn es keinen globalen Ordnungsrahmen gibt. Das Abkommen von Paris kann diesen globalen Ordnungsrahmen zumindest ermöglichen.

Auf *europäischer Ebene* gibt es eine Vielzahl von Zielen und Instrumenten. Zentral wird die Reform des Emissionshandels sein. Er muss so ausgestaltet werden, dass die Mitgliedsstaaten der Europäischen Union ihre eigene Klima- und Energiepolitik verfolgen können.

Auf *nationaler Ebene* wird in Deutschland um den Ausstieg aus der Kohle gerungen. Wenn dieser jedoch nicht in eine europäische Politik eingebettet wird, werden die Emissionen in Europa trotzdem nicht sinken. Auch muss Deutschland seinen Kohleausstieg so gestalten, dass er für andere Länder wie Australien, Südafrika oder die Türkei zumindest nicht abschreckend wirkt.

Auf *subnationaler Ebene* schließen sich bereits die Bürgermeister der großen Städte zu einer Klimakoalition für nachhaltige Städte zusammen. Die Kommunalpolitik ist ein bislang unterschätztes Feld der Klimapolitik, vor allem wenn es um die Verminderung von Transportemissionen geht.

Und schließlich werden *Bürger und Zivilgesellschaft* gegen neue Kohlekraftwerke protestieren, für oder auch gegen die Schließung von Kohleminen kämpfen, weniger Fleisch essen und sich fragen, ob sie mit ihren Ersparnissen den Bau von Kohlekraftwerken finanzieren wollen.

In diesem Kapitel soll gezeigt werden, dass sich die internationale, europäische, nationale, kommunale und individuelle Ebene gegenseitig beeinflussen, sich die Maßnahmen verstärken, aber auch behindern können. Wie kann Klimapolitik auf diesen Ebenen so ausgestaltet werden, dass eine optimale Abstimmung der Maßnahmen gelingt? Dabei lassen wir uns in diesem Kapitel von folgenden Ideen leiten:

Die Arbeitsteilung zwischen Staat und Markt legt diesen Ordnungsrahmen fest: Individuelle Verhaltensänderungen werden nur dann zum Ziel führen, wenn das Zusammenspiel zwischen Staat und Markt funktioniert. Viele Maßnahmen auf individueller Ebene mögen gut gemeint sein, führen aber oft nur zu geringen Emissionsminderungen. Um zu vermeiden, dass individuelle Anstrengungen ins Leere laufen, bedarf es einer effektiven Klimapolitik. Effektiv ist eine Klimapolitik, wenn sie zu sinkenden Emissionen führt. Eine Klimapolitik ist effizient, wenn sie die gesetzten Ziele ohne Verschwendung von Mitteln – also mit minimalen Kosten – erreicht. Effizienz hat daher auch eine ethische Implikation. In einer Welt der Knappheit und Armut kann Verschwendung kaum gerechtfertigt werden, denn es wird vornehmlich darum gehen, Klimaschutz und Armutsbekämpfung zu vereinbaren. Vor allem aber wollen wir zeigen, wie Klimapolitik so ausgestaltet werden kann, dass sie Haushalte mit niedrigem Einkommen nicht überproportional belastet, wie dies etwa bei der deutschen Energiewende der Fall ist. Die Effektivität, Effizienz und Verteilungsgerechtigkeit bedarf eines Rahmens, der durch Regierungen festzulegen ist.

Moralische Haltung und ökonomische Anreize: In der Umweltbewegung stoßen ökonomische Instrumente, wie eine CO_2-Steuer oder der Emissionshandel, auf Skepsis, weil sie vor allem die egoistischen Tendenzen im Menschen anzusprechen scheinen und Haltungen wie Solidarität und Altruismus zurückzudrängen drohen. In der Tat gibt es Beispiele, dass von außen angeregte Anreize intrinsische Motivationen unterdrücken. Wer für seine Emissionen bezahlen muss, so die Befürchtung, könnte die Bereitschaft zur freiwilligen Emissionsreduktion verlieren. Aber gerade die Verhaltensforschung zeigt, dass dies nicht der Fall ist. Im Gegenteil: Die Bereitschaft zu freiwilligen Beiträgen sinkt, wenn Menschen die Erfahrung machen müssen, dass ihr Engagement zu nichts führt, weil etwa andere das moralische Verhalten nicht nachahmen. Zudem hat eine Bepreisung von Emissionen zur Folge, dass CO_2-armes Konsumverhalten günstiger wird als emissionsintensives. Daher werden Menschen nicht mehr gezwungen, sich zwischen dem, was für sie persönlich von Vorteil ist, und dem, was moralisch richtig ist, zu entscheiden.

Die Richtung des technischen Fortschritts: Bereits in Kapitel 3 haben wir argumentiert, dass die Herausforderung einer ambitionierten Klimapolitik nicht ohne neue Technologien zu bewältigen ist, vor allem dann nicht, wenn es auch für Entwicklungs- und Schwellenländer wirtschaftliche Entwicklungsmöglichkeiten geben soll. Daher sind ökonomische Instrumente von grundlegender Bedeutung, weil durch sie dem technischen Fortschritt eine neue Richtung gegeben werden kann. Diese veränderte Richtung des technischen Fortschritts soll helfen, Wirtschaftswachstum vom Emissionswachstum zu entkoppeln. Wer der Auffassung ist, dass reiche Gesellschaften auf Wirtschaftswachstum verzichten sollen, kann diese Option immer noch vertreten. Aber die Klimapolitik zwingt nicht dazu. Dadurch könnten auch Wachstumsbefürworter die Klimapolitik unterstützen. Die Frage nach der Wünschbarkeit des Wachstums muss dann nicht mehr unter dem Diktat eines klimapolitischen Imperativs diskutiert werden, sondern als Antwort auf die Frage, wie wir leben wollen.

Die Darstellung des Zusammenspiels zwischen den genannten Politikebenen in diesem Kapitel sollte entlang des geschilderten Leitfadens verstanden werden.

Ein Preis für Emissionen und andere Politikinstrumente

Vom 19. Jahrhundert bis in die Mitte des 20. Jahrhunderts war vor allem Arbeit knapp, was zu steigenden Reallöhnen führte. Die Unternehmer konnten das Abschmelzen ihrer Gewinne nur verhindern, indem sie die Arbeitsproduktivität erhöhten. Das Klimaproblem erzeugt im 21. Jahrhundert ein neues Knappheitsproblem: Die Aufnahmefähigkeit der Atmosphäre als Deponieraum für CO_2 ist begrenzt. Die Knappheit kann durch einen Preis für Emissionen in einen wirtschaftlichen Anreiz übersetzt werden, Emissionen einzusparen. Ein steigender Emissionspreis ist nötig, um den Firmen und Konsumenten diese Knappheit zu signalisieren. Er schafft einen Anreiz, um dem technischen Fortschritt eine neue Richtung zu geben. Grundsätzlich müsste allen Treibhausgasen ein Preis zugewiesen werden. Da weltweit

Preissysteme für CO_2 vor allem im Energiesystem eingeführt sind, beschränken wir uns im Folgenden auf diesen Bereich. Eine Diskussion der Bepreisung anderer Treibhausgase sowie Emissionen aus der Landnutzung würde den Rahmen dieses Abschnitts sprengen.

Ein CO_2-Preis führt dazu, dass emissionsintensive Produktionsprozesse weniger rentabel sind und durch klimafreundliche Technologien ersetzt werden. Der CO_2-Preis schafft einen Anreiz für Unternehmen und Konsumenten, nach den günstigsten Vermeidungsoptionen zu suchen. Ein durch die Politik festgelegtes Kohlenstoffbudget lässt sich auf diese Weise mit minimalen volkswirtschaftlichen Kosten erreichen: Die Energienachfrage kann eingeschränkt, Windkraftwerke können gebaut, Elektroautos entwickelt und bessere Dämmstoffe eingesetzt werden. Niemand weiß genau, was die kostengünstigste Option ist, daher ist es entscheidend, dass ein Suchprozess nach den kostengünstigsten Vermeidungsoptionen ausgelöst wird. Diese Suchprozesse sind umso effizienter, je mehr Akteure aus den verschiedenen Ländern, Sektoren und Technikbereichen sich an ihnen beteiligen.

Es ist daher leicht zu verstehen, warum ein weltweit einheitlicher CO_2-Preis optimal wäre. Gibt es nämlich unterschiedliche CO_2-Preise in verschiedenen Ländern, so hat jedes Land einen Anreiz, sich als «Trittbrettfahrer» zu verhalten und seinen Preis zu senken. Wenn sich aber alle Länder so verhalten, ergibt sich am Ende ein sehr niedriger CO_2-Preis. Doch dieser wäre kaum mit dem 2 °C-Ziel vereinbar – selbst wenn einige Länder ein Interesse an der CO_2-Bepreisung haben. In den Modellszenarien wird daher eine schrittweise Konvergenz der CO_2-Preise zu einem einheitlichen Preis angenommen, weil dann die Techniken zum Einsatz kommen können, die wir in Kapital 3 diskutiert haben.

Eine Bepreisung von CO_2 wird aber für eine vernünftige Klimapolitik nicht ausreichen – man wird weitere Maßnahmen ergreifen müssen, weil in der realen Welt die Märkte nicht optimal funktionieren. Man spricht daher von Maßnahmen gegen weiteres Marktversagen, die den CO_2-Preis ergänzen müssen.

Entscheidend ist jedoch, dass diese die CO_2-Bepreisung ergänzen, aber nicht ersetzen können. Folgende Maßnahmen sind in diesem Zusammenhang besonders relevant:

Investitionen in Forschung und Entwicklung: Märkte werden nicht ausreichend in Forschung und Entwicklung investieren, weil von neuen Produkten und Verfahren nicht nur diejenigen Firmen profitieren, die darin investiert haben, sondern die gesamte Wirtschaft. Daher ist von einer zu geringen Investition auszugehen, was wiederum die Notwendigkeit von öffentlichen Investitionen als Ergänzung zu privaten Forschungs- und Entwicklungsausgaben bedingt. Es müssen mehr öffentliche Forschungs- und Entwicklungsausgaben im Bereich erneuerbare Energien, Energieeffizienz und Speichertechnologien getätigt werden.

Förderung neuer Technologien: Neue Technologien – wie etwa die erneuerbaren Energien – können sich am Markt nur dann durchsetzen, wenn es genügend ausgebildete Fachkräfte gibt, die diese verkaufen, installieren und instand halten können. Obwohl in vielen afrikanischen Ländern die Stromgestehungskosten für Wind und Solar sehr gering sind, werden die erneuerbaren Energien dort nicht ausgebaut, weil es zu wenige Fachkräfte gibt. Erhöhte Investitionen in die Ausbildung werden nötig sein, um diesen Engpass zu beheben.

Subventionierung von Kapitalkosten: Investoren, die in besonders risikoreiche Projekte investieren, müssen bei Krediten hohe Aufschläge bei den Zinsen in Kauf nehmen. Da die Kapitalkosten bei der Installation von Wind- und Solaranlagen beträchtlich sind, werden diese Projekte schnell unrentabel. Als Instrumente kommen hier subventionierte Kredite oder eine direkte Subventionierung der Kapitalkosten in Betracht.

Bereitstellung von Informationen: Warum werden Häuser zu wenig gedämmt, warum werden nicht mehr benzinsparende Autos gekauft, warum steckt die Elektromobilität noch in den Kinderschuhen? Diese Anschaffungen lohnen sich bereits heute, werden aber nicht getätigt, weil die Konsumenten die Vorteile nicht wahrnehmen oder gar nicht wahrnehmen können, da sie nicht über die nötigen Informationen verfügen oder nicht die

Kapazität haben, ihre optimalen Ausgaben zu berechnen. Eine CO_2-Bepreisung allein wird diese Probleme nicht beseitigen. Daher werden als ergänzende Maßnahmen die Einführung von Effizienzstandards bei Autos oder Gebäuden vorgeschlagen, Prämien für den Kauf von Elektroautos, aber auch die kostenlose Bereitstellung von Informationen, wie Konsumenten ihren Energieverbrauch mit wenig Aufwand verringern können.

Warum wir internationale Klimapolitik benötigen

Wozu bedarf es eigentlich internationaler Klimaverhandlungen? Wie wir in Kapitel 3 gesehen haben, muss die Nutzung des Deponieraums Atmosphäre begrenzt werden. Da die Atmosphäre ein Gemeinschaftsgut der gesamten Menschheit ist, bedarf es einer globalen Vereinbarung, die festlegt, wie dieser Deponieraum von allen nachhaltig genutzt werden kann. Weil es jedoch keine Weltregierung gibt, die durch ihr Gewaltmonopol Gesetze erzwingen und durchsetzen kann, sind nur freiwillige Vereinbarungen möglich. Solche freiwillige Vereinbarungen leiden jedoch daran, dass jedes Land einen Anreiz hat, von den Emissionsminderungen der anderen zu profitieren, ohne selbst einen Beitrag zu leisten. Dieses sogenannte Trittbrettfahrerverhalten muss unterbunden werden – und das ist die zentrale Aufgabe eines internationalen Klimaabkommens. Internationale Abkommen, wie das Abkommen von Paris, werden nur dann effektiv und stabil sein, wenn es künftig gelingt, das Trittbrettfahrerverhalten einzudämmen. Die Erfahrungen mit internationalen Abkommen sind hier nicht besonders ermutigend.

Es hat daher immer wieder Versuche gegeben, das Klimaproblem ohne internationale Verhandlungen zu lösen. Drei Ansätze versprechen eine Lösung ohne den mühevollen Umweg über internationale Verträge. Wir werden sie im Folgenden betrachten und begründen, warum sie die internationale Klimapolitik nicht ersetzen können, mag der Weg zu einem wirksamen internationalen Abkommen noch so langwierig und aufwändig sein. Hier steht uns keine Abkürzung zur Verfügung.

Die Hoffnung auf den technischen Fortschritt

Es bedürfte keiner internationalen Verhandlungen, wenn die Alternativen zu Kohle, Öl und Gas auf einen Schlag so billig würden, dass es keinen Grund mehr gäbe, die fossilen Energieträger zu nutzen. Das Vermögen der Besitzer von Kohle, Öl und Gas wäre damit zwar entwertet, für die Volkswirtschaft als Ganzes entstünde dadurch jedoch ein Mehrwert, weil sie dann die billigeren Technologien nutzen könnte. Daraus ergibt sich ein grundlegend anderer Politikansatz: Der technische Fortschritt bei den erneuerbaren Energien muss so schnell wie möglich durchgesetzt werden. Der Klimaschutz wäre dann nicht das Ergebnis einer internationalen Vereinbarung, sondern eines raschen, disruptiven Innovations- und Diffusionsprozesses. In diesem Paradigma hätte die deutsche Energiewende eine beispielgebende Funktion und könnte von anderen Ländern nachgeahmt werden. Die Subventionierung von erneuerbaren Energietechniken beschleunigt technologische Lerneffekte und würde darum zum zentralen Politikinstrument der Klimapolitik. Die Transformation des Energiesystems würde sich auch dann lohnen, wenn es gar kein Klimaproblem gäbe: Ein Energiesystem, das hauptsächlich auf erneuerbaren Energien beruhte, wäre dann langfristig gesehen billiger als das fossile Energiesystem. Da der Deponieraum Atmosphäre folglich ohnehin nicht mehr benötigt würde, wären auch keine weiteren internationalen Verhandlungen hierzu nötig.

Auf den ersten Blick erscheint dieser Ansatz der Klimapolitik vielversprechend. Was ist an diesem Paradigma irreführend? Die einfache Antwort: Es vernachlässigt das Angebot der fossilen Energieträger. In Kapitel 3 haben wir gezeigt, dass die Aufnahmefähigkeit der Atmosphäre bei 800 Gt CO_2 erschöpft ist, wenn der Anstieg der globalen Mitteltemperatur auf 2 °C begrenzt werden soll. Es lagern jedoch noch etwa 15 000 Gt CO_2 an fossilen Energieträgern im Boden. Werden CO_2-freie Technologien wie die Kernenergie oder die erneuerbaren Energien subventioniert, steigt deren Marktanteil, während fossile Energieträger weniger nachgefragt werden. Allerdings wird dieser Rückgang zum Teil dadurch kompensiert, dass bei sinkender

Nachfrage die Preise der fossilen Energieträger fallen und insgesamt mehr Energie verbraucht wird, insbesondere in Ländern ohne stringente Klimaziele. Das heißt, dass die zusätzliche CO_2-freie Energie nicht eins zu eins von einem Rückgang fossiler Energieträger begleitet wird. Grundsätzlich wäre es möglich, darauf mit einer vermehrten Subventionierung der CO_2-freien Techniken zu reagieren. Aber je größer das Angebot an fossilen Energieträgern ist und je langsamer die Kosten der CO_2-freien Alternativen sinken, umso teurer wird diese Option. Die billiger werdenden fossilen Energieträger verhindern eine rasche Diffusion der erneuerbaren Energien, und das Wettrennen zwischen billigeren fossilen und billigeren erneuerbaren Energien würde zu einem starken Anstieg des Energieverbrauchs und der Emissionen führen. Die Förderung des technischen Fortschritts der CO_2-freien Technologien ist daher zwar eine Ergänzung, aber sicher kein Ersatz für eine internationale Klimapolitik.

Divestment und globale Zivilgesellschaft

Im Vorfeld zum Pariser Abkommen war in der globalen Zivilgesellschaft eine erhebliche Skepsis über die Erfolgsaussichten der Verhandlungen spürbar. Aus diesem Grund protestierten 2014 viele tausend Menschen in New York für einen ambitionierten Klimaschutz. Papst Franziskus trug mit seiner Enzyklika *Laudato si'* 2015 zu dieser Mobilisierung bei. Aber die Zivilgesellschaft protestiert nicht nur, sie verfolgt auch eine sogenannte Divestment-Strategie, der sich zum Beispiel die britische Tageszeitung «The Guardian» angeschlossen hat. Einige amerikanische Elite-Universitäten, wie die Stanford Universität, oder der norwegische Staatsfond kündigten bereits die Umstrukturierung ihres Aktienportfolios an. Die Allianz-Versicherung verkauft Aktien der Firmen, die mehr als 30% ihres Umsatzes mit Kohle erzielen.

Worum geht es der Divestment-Bewegung? Universitäten, Pensionsfonds, Kleinaktionäre und Versicherungsgesellschaften investieren nicht mehr in jene Firmen, die fossile Energieträger explorieren, fördern und in fossilen Kraftwerken nutzen. Auch wenn die Divestment-Bewegung bislang zu kaum mehr geführt hat als zu symbolischer Politik, hat die fossile Energiewirtschaft bereits mit einem erheblichen Reputationsverlust zu kämpfen. Bislang hat die Divestment-Bewegung noch keinen durchschlagenden Erfolg. Aber könnte diese Bewegung zu einer Dekarbonisierung der Weltwirtschaft beitragen, wenn sich daran ausreichend viele Investoren beteiligten? Dieser Weg scheint auf den ersten Blick vielversprechend: So wird behauptet, dass etwa 90 Unternehmen für zwei Drittel der weltweiten Emissionen verantwortlich sind, die von 1850 bis 2010 emittiert wurden; darunter Unternehmen wie Chevron, ExxonMobil, Saudi Aramco, BP, Gazprom und Shell. Wenn die Aktien von Unternehmen des fossilen Sektors verkauft würden, hätte dies einen gesunkenen Unternehmenswert dieser Firmen zur Folge. Dadurch würde es für diese Firmen schwieriger, sich in Zukunft neu zu finanzieren, was ihnen einen Nachteil gegenüber Unternehmen, die auf CO_2-arme Energie setzen, bescheren würde. Um dieses Ziel zu erreichen, müsste die Divestment-Bewegung aber die Investoren dazu bringen, eine geringere Rendite zu akzeptieren. Dazu müssten sie verhindern, dass einige Investoren die fossilen Unternehmen aufgrund ihres geringeren Unternehmenswertes aufkaufen und weiterhin mit fossilen Energien Gewinne machen. Lässt sich die Kooperation zwischen Investoren aber wirklich leichter lösen als die zwischen Nationalstaaten? Für diese Annahme gibt es keinen überzeugenden Grund. Auch die Investoren hätten einen starken Anreiz, die Kooperation aufzukündigen und damit ihre Renditen zu erhöhen. Diese könnten sie in Form von Dividenden an ihre Aktionäre ausschütten. Somit würde sich das Trittbrettfahrerverhalten einiger Investoren lohnen und die Befürchtung, die Aktionäre würden sich ebenfalls über die höhere Rendite freuen, wäre nicht unbegründet. Die Divestment-Bewegung setzt also auf Freiwilligkeit und ist damit vom Trittbrettfahrerverhalten ebenso bedroht wie die Kooperation zwischen Staaten. Für die Verminderung von Emissionen ist durch Divestment wenig gewonnen und es stellt keinen Ersatz für internationale Klimaverhandlungen dar.

Die sanfte Macht der Moral

Viele stören sich daran, dass Ökonomen immer nur von monetären Anreizen sprechen und die Ressource «Moral» in ihren Vorschlägen scheinbar keine Rolle spielt. In der Tat könnte die Herausbildung sozialer Normen zur Lösung des Klimaproblems beitragen. Es wäre vorstellbar, dass das Fahren großer Geländewagen sozial gebrandmarkt würde. Wie das Beispiel des Rauchverbotes in Deutschland zeigt, sind Normen ein machtvolles Instrument. Vor allem können diese Normen das Kauf- und Wahlverhalten beeinflussen. Jedoch müssen sich moralische Appelle daran messen lassen, ob sie den Transformationsprozess, wie wir ihn in Kapitel 3 beschrieben haben, tatsächlich bewerkstelligen können. Denn die Herausbildung von Normen hat drei zentrale Schwierigkeiten. Erstens handelt es sich hierbei um einen langfristigen, organischen Prozess. Eine politische Beeinflussung oder gar Anordnung sozialer Normen könnte als Eingriff von oben in Freiheitsrechte betrachtet werden. Außerdem würde er viele punktuelle Eingriffe notwendig machen, was zu einer Überforderung der Umweltbehörden führen könnte. Diese müssten dann Techniken auf der Basis der öffentlichen Meinung verbieten oder zulassen. Zweitens entstünden durch solche Verbote zu wenige Anreize für Innovationen, die jedoch dringend benötigt werden. Drittens gibt es vielfache Belege dafür, dass soziale und ethische Normen meist auch durch Eigeninteresse motiviert sind und damit das Klimaproblem als globales Phänomen nicht ausreichend adressiert werden kann.

Was wäre dann die Lösung?

Die Weltwirtschaft benötigt einen CO_2-Preis, der die Knappheit des begrenzten Deponieraumes der Atmosphäre widerspiegelt. Ein CO_2-Preis verteuert die Nutzung von Kohle, Öl und Gas. Durch einen CO_2-Preis käme es automatisch zu einem Divestment im fossilen Energiesektor. Bereits heute verweisen Wissenschaftler, Politiker und Zentralbanker auf eine «Carbon Bubble», eine «Kohlenstoff-Blase». Damit ist gemeint, dass bei einer ambitionierten Klimapolitik der fossile Kapitalstock, also

Kraftwerke, Gebäude, Kohleminen, aber auch die Lagerstätten von Öl und Gas, entwertet würden. Es stellt sich die Frage, wie stark einzelne Firmen durch das Platzen dieser «Carbon Bubble» betroffen wären und ob dadurch ein Risiko für die Stabilität der globalen Kapitalmärkte entstünde. Steigt der CO_2-Preis, wird der fossile Kapitalstock entwertet. Kündigt die internationale Klimapolitik jedoch einen steigenden CO_2-Preis an und geht diesbezüglich eine langfristige Verpflichtung ein, ist keine Destabilisierung der globalen Finanz- und Kapitalmärkte zu befürchten. Marktmacht, Netzwerke sowie die Risiken bei der Innovationsfinanzierung sprechen dafür, dass ein CO_2-Preis allein nicht ausreicht. Er muss ergänzt werden durch die Finanzierung von Forschung und Entwicklung, durch Subventionierung von Kapitalkosten und durch Bereitstellung von Informationen über klimafreundliche Technologien.

Halten wir fest: Technischer Fortschritt, Reformen des Kapitalmarktes, kritisches Konsum- und Investitionsverhalten und moralische Appelle können sinnvolle Ergänzungen für einen CO_2-Preis sein, sie können ihn jedoch nicht ersetzen. Die Frage ist, wie ein weltweiter CO_2-Preis etabliert werden kann. Ohne ein internationales Abkommen würde der Ruf nach einem CO_2-Preis ins Leere laufen. Ein solches Abkommen ist daher eine notwendige Bedingung für eine globale Klimapolitik.

Das Paradoxon internationaler Vereinbarungen

Internationale Vereinbarungen sind instabil, wenn jeder Staat einen Anreiz hat, sich nicht an einem Abkommen zu beteiligen oder es zu unterlaufen. In der Tat haben Staaten ein Interesse, nur so viel in den Klimaschutz zu investieren, wie es ihrem nationalen Interesse entspricht. Auch ohne ein globales Abkommen würden Staaten die Emissionen reduzieren, wenn darin für sie ein Vorteil läge, etwa weil sie die lokale Luftverschmutzung vermindern wollen. Es besteht jedoch immer ein Anreiz für einige Staaten, sich nicht daran zu beteiligen. Deshalb wäre es für alle Staaten besser, wenn sie gemeinsam ihre Emissionen reduzieren würden, wenn sie also kooperierten. Steigt jedoch ein Staat aus, hat er einen noch höheren Gewinn, weil er vom Klimaschutz anderer Staaten profitiert und sich dazu noch die Kosten der Emissionsreduzierung im eigenen Land erspart. Denken alle Staaten so, wird es zur Aufkündigung der Kooperation kommen: Nationalstaatliche Schläue endet in globaler Dummheit.

In der Spieltheorie wird dies als soziales Dilemma bezeichnet, weil individuelle und soziale Rationalität auseinanderfallen. Je mehr Staaten sich am Klimaschutz beteiligen, desto größer sind die Gewinne aus der Kooperation. Wenn jedoch der Gewinn aus der Kooperation besonders groß ist, so sind auch die Anreize besonders hoch, sich nicht an einem Klimaabkommen zu beteiligen. Dieses soziale Dilemma verschärft sich mit der Zahl der Spieler, weil dann die potentiellen Gewinne der Kooperation umso größer sind.

Daraus lässt sich das Paradoxon der internationalen Umweltabkommen formulieren: *Je notwendiger internationale Vereinbarungen sind, desto unwahrscheinlicher ist es, dass sie zustande kommen. Ihr Zustandekommen ist umso wahrscheinlicher, je entbehrlicher sie sind.* Damit kann man verständlich machen, warum das Montreal-Protokoll zum Schutz der Ozonschicht durch Verminderung der Emissionen von FCKWs (Fluorchlorkohlenwasserstoffe) erfolgreich durchgesetzt werden konnte. Für FCKWs stand zu diesem Zeitpunkt bereits ein Ersatzprodukt zur Verfügung. Die Kosten waren gering, und es profitierten vor allem die reichen Länder von der Lösung des Ozonproblems. Ihr Interesse daran war so groß, dass sie einen multilateralen Fonds bereitstellten, der den Entwicklungsländern die Kosten für die Abschaffung der FCKWs finanzierte. Das Montreal-Protokoll gilt bislang als das erfolgreichste internationale Umweltabkommen. Vermutlich waren aufgrund der geringen Kosten auch die Anreize, sich als Trittbrettfahrer zu verhalten, gering. Wo sie bestanden, konnten sie durch einen multilateralen Fonds und durch Sanktionen ausgeglichen werden. Beim Klimaproblem sind die Kooperationsgewinne sehr hoch, aber damit auch die Anreize für Nationalstaaten, sich als Trittbrettfahrer zu verhalten.

Einen Ausweg aus diesem Dilemma verspräche die Bildung

einer großen «Koalition der Willigen». Sie könnte die Kosten und Nutzen für die einzelnen Nationalstaaten so verändern, dass der Anreiz zum Trittbrettfahren zumindest eingedämmt wird. Möglich wäre dies, wenn neben dem Klimaschutz die Koalition ihren Mitgliedern noch andere Vorteile brächte, beispielsweise den Zugang zu neuen, kostengünstigen Technologien. Denkbar wäre auch, dass die Koalition Strafzölle gegen Länder verhängt, die sich nicht am Klimaschutz beteiligen. Durch Transferzahlungen könnten zusätzlich reiche Länder den ärmeren Ländern beim Klimaschutz finanziell unter die Arme greifen.

Halten wir fest: Freiwillige internationale Kooperation ist instabil und immer vom Zusammenbruch bedroht. Sie kann stabilisiert werden, in dem die Koalition über den Klimaschutz hinaus für ihre Mitglieder andere Vorteile bietet oder Sanktionen verhängen kann. Dieser einfache analytische Rahmen genügt, um die Geschichte der Klimaverhandlungen zu verstehen.

Die internationalen Verhandlungen

Die auf dem Umweltgipfel in Rio im Jahr 1992 verabschiedete UN-Klimarahmenkonvention (United Nations Framework Convention on Climate Change, UNFCCC) stellt das Herz der internationalen Klimapolitik dar. Das erklärte Ziel ihrer 196 Mitglieder ist es, gefährlichen Klimawandel zu verhindern. Die Weiterentwicklung des globalen Rahmens erfolgt über jährliche Gipfeltreffen, der Conference of the Parties (COP).

Das im Jahr 1997 verabschiedete und 2005 in Kraft getretene Kyoto-Protokoll verpflichtete nur die sogenannten Annex-I-Staaten (also die Industrieländer) zur Minderung. Diese stimmten zu, ihre Emissionen über den Zeitraum 2008–2012 um insgesamt 5,2 % unter das Niveau des Jahres 1990 zu senken. Das Kyoto-Protokoll ging also noch davon aus, dass hauptsächlich die Industrieländer den Klimawandel verursachen und sie daher ihre Emissionen vermindern müssen, während Zuwächse in Schwellen- und Entwicklungsländern hinzunehmen seien. Im

Jahr 2011 waren jedoch die Länder, die das Kyoto-Protokoll ratifiziert haben, nur noch für 13 % der weltweiten Treibhausgasemissionen verantwortlich. Dies lag nicht nur daran, dass die USA als einer der Hauptemittenten das Kyoto-Protokoll nie ratifiziert haben, sondern auch, dass der größte Teil der in den letzten Dekaden in der Atmosphäre abgelagerten Emissionen von China und den anderen Schwellenländern stammt (siehe Tabelle 1 in Kapitel 2, S. 23).

Um kosteneffizienten Klimaschutz zu gewährleisten, beinhaltet das Kyoto-Protokoll drei sogenannte flexible Mechanismen zur Emissionsminderung. Den Ländern, die sich im Rahmen des Kyoto-Protokolls zu Emissionsminderungen verpflichteten, wurden Emissionsrechte zugewiesen. Diese Emissionsrechte können zwischen diesen Annex-I-Ländern gehandelt werden, ihr Preis ergibt sich durch das Zusammenspiel von Angebot und Nachfrage. Der Emissionshandel zwischen Regierungen ist jedoch zum Erliegen gekommen, mit dem Ergebnis, dass kein Preissignal entstand.

Dem Handel mit Emissionsrechten wurden noch zwei zusätzliche Instrumente zur Seite gestellt, um eine weitere Kostensenkung der Klimapolitik zu ermöglichen. So sollte Annex-I-Ländern die Möglichkeit gegeben werden, ihre Emissionsverpflichtungen auch in Ländern erbringen zu können, die unter dem Kyoto-Protokoll keine Reduktionsverpflichtungen angenommen haben. Diese Möglichkeit ist von besonderem Interesse, wenn die Emissionsminderungen in diesen Ländern zu geringeren Kosten geleistet werden können. Im Clean-Development-Mechanismus (CDM) sollte es den Industrieländern möglich sein, in Entwicklungs- und Schwellenländern die Emissionen zu reduzieren, beispielsweise durch Investitionen in erneuerbare Energien, die ansonsten nicht getätigt worden wären. Wollten die Industrieländer ihre Emissionen in anderen Industrieländern erbringen, die unter dem Kyoto-Protokoll keine Reduktionsverpflichtungen haben (was u. a. für eine Reihe ehemaliger Sowjetrepubliken der Fall ist), so konnten sie sich des Joint-Implementation-(JI-)Mechanismus bedienen.

Derartige flexible Mechanismen werden von den Beobachtern unterschiedlich beurteilt. Der CDM habe, so die Befürworter, zumindest in den Entwicklungsländern zu einem «Capacity Building» geführt und ihnen schrittweise das Thema Emissionsreduktion nähergebracht. Eine kritischere Perspektive betont, dass der CDM zu keinem Technologietransfer in die Entwicklungsländer geführt hat. So würden durch den CDM hauptsächlich Projekte unterstützt, die ohnehin finanziert worden wären, so dass damit keine Emissionsreduktionen erzielt werden.

Zusammenfassend lässt sich festhalten, dass es mit dem Kyoto-Protokoll nicht gelungen ist, die Emissionen global abzusenken, die Emissionsrechte fair unter den Ländern aufzuteilen und über einen globalen Emissionsmarkt einen Preis zu erzielen, der auf die Investitionsentscheidungen von Firmen Einfluss hat. Aufgrund seiner kurzen Laufzeit, der relativ geringen Reduktionsverpflichtungen für Annex-I-Staaten und der fehlenden Reduktionsverpflichtungen für Nicht-Annex-I-Staaten kann das Kyoto-Protokoll bestenfalls als erster Schritt hin zu effektiver globaler Klimapolitik betrachtet werden.

Auf der Klimakonferenz in Kopenhagen sollte im Jahr 2009 ein Nachfolgeabkommen für das Kyoto-Protokoll verhandelt werden. Insbesondere die europäischen Delegationen hofften auf ein Abkommen, das den Klimawandel effektiv begrenzt und daher auch alle wichtigen Verursacher zu Emissionsminderungen verpflichtet. Der sogenannte Top-Down-Ansatz des Kyoto-Protokolls – eine Festlegung der zu erzielenden Emissionsreduktion sowie deren Aufteilung auf einzelne Mitglieder – sollte weitergeführt werden. Doch diese Hoffnung scheiterte nicht nur an den USA, sondern auch an China und vielen Entwicklungsländern. Den Klimadiplomaten wurde klar, dass ein für alle Staaten verbindliches Abkommen, das einen langfristigen Fahrplan über globale und nationale Minderungsziele und damit erlaubte Emissionsmengen festlegt, politisch nicht durchsetzbar war und wohl auch in Zukunft nicht sein wird.

Das Pariser Abkommen, das 2015 geschlossen wurde, überwindet die bislang geltende Trennung zwischen Industrie- und

Entwicklungsländern. Die Vermeidung gefährlichen Klimawandels ist nun gemeinsame Aufgabe aller Staaten. Die Lastenverteilung ist aber auch in diesem Abkommen nicht abschließend geklärt. Das Pariser Abkommen ruht auf drei Säulen: Die Formulierung eines *Langfristziels, freiwillige Selbstverpflichtungen* und die Vereinbarung mehrerer *multilateraler Instrumente.*

Erste Säule: Zentral ist das ambitionierte Langfristziel, den Anstieg der globalen Mitteltemperatur auf 2 °C gegenüber dem vorindustriellen Niveau zu begrenzen. Darüber hinaus wurde versprochen, Anstrengungen zu intensivieren, um das 1,5 °C-Ziel zu erreichen.

Zweite Säule: Anders als das Kyoto-Protokoll verpflichtet das Abkommen *alle* Vertragsstaaten dazu, selbst gewählte nationale klimapolitische Pläne vorzulegen (Nationally Determined Contributions, NDCs). Diese Pläne basieren allerdings nicht auf einer gemeinsamen Aufteilung des beim 2 °C-Ziel zulässigen globalen Kohlenstoffbudgets auf die einzelnen Staaten. Stattdessen legt jedes Land seine eigenen Ziele und Maßnahmen fest. Vor Paris hatten die Staaten bereits erste Pläne vorgelegt. Es wird in den kommenden Jahren darum gehen, das Ambitionsniveau dieser nationalen Klimaschutzpläne schrittweise zu erhöhen. Die bisher angedachten NDCs sind bei weitem nicht ausreichend, um das 2 °C-Ziel zu erreichen, selbst wenn man annimmt, dass nach 2030 die Emissionen weiterhin kontinuierlich sinken. Durch transparente Berichterstattung und regelmäßige Überprüfung der Einhaltung der NDCs soll das notwendige zwischenstaatliche Vertrauen aufgebaut werden, das eine langfristige Kooperation für das Erreichen des globalen Ziels ermöglicht. Es ist jedoch ungeklärt, wer zur Verantwortung gezogen werden kann, wenn das globale Ziel nicht erreicht wird. Wenn Länder wenig ambitionierte NDCs vorlegen oder ihre Versprechen nicht umsetzen, verbleibt als einziger Sanktionsmechanismus aber lediglich ein informelles «Naming and Shaming» – formale Sanktionen waren in Paris nicht durchsetzbar.

Als *dritte Säule* wurden in Paris eine Reihe multilateraler klimapolitischer Instrumente vereinbart, die für einen globalen

Lastenausgleich genutzt werden könnten. Zu den wichtigsten Instrumenten gehören die Klimafinanzierung von jährlich mindestens 100 Mrd. US$ sowie flexible Mechanismen, wie etwa die Möglichkeit eines internationalen Emissionshandels, zur Reduktion der Vermeidungskosten. Ihre genaue Ausgestaltung ist aber noch weitgehend offen. Dieser Gestaltungsspielraum muss nun genutzt werden, um Paris zu einem Erfolg werden zu lassen. Die zusätzlichen Mittel für die Klimafinanzierung müssen noch bereitgestellt werden. Bisher ist das Volumen der Klimafinanzierung aus öffentlichen Geldern unklar: Für die kommenden Jahre sind nur 10 Mrd. US$ für den Green Climate Fund (GCF) zugesagt, 6,8 Mrd. US$ davon sind bislang freigegeben. Es besteht zudem die Gefahr, dass die Industrieländer durch kreative Buchführung ihren zusätzlichen Beitrag zur Klimafinanzierung sehr viel höher erscheinen lassen, als er tatsächlich ist: Bereits bestehende Verpflichtungen aus der Entwicklungshilfe könnten umetikettiert oder private Investitionen, die ohnehin getätigt würden, als internationale Klimafinanzierung angerechnet werden.

Ein weiterer internationaler Transfermechanismus, der in Paris 2015 verhandelt wurde, betrifft den Waldschutz – der sogenannte REDD+-Mechanismus (Reducing Emissions from Deforestation and Forest Degradation). Er sieht Kompensationen für Staaten vor, die Abholzung verringern. Die Zahlungen sollen direkt den nationalen Regierungen, lokalen Gemeinden oder indigenen Gemeinschaften zugutekommen. Die Ausgestaltung des REDD+-Programms wurde dafür kritisiert, dass zwar einzelne Projekte zeitweise gefördert werden, nach Ablauf eines Projekts der Wald letztendlich aber doch abgeholzt wird. Außerdem wurde bislang kaum beachtet, dass vor allem Landbesitzer von den Transferzahlungen profitieren; denn ein vermehrter Waldschutz führt tendenziell zu einem Anstieg der Bodenpreise für landwirtschaftliche Flächen. Da Eigentum an Land in vielen Regionen sehr ungleich verteilt ist, würde ein Anstieg der Preise für Ackerflächen wirtschaftliche Ungleichheiten weiter erhöhen und damit potentiell zur Verarmung von Kleinbauern führen. Diese Effekte lassen sich nur verhindern, wenn sich die Empfänger der REDD+-Transfers zu einer gleichzeitigen Besteuerung von Bodenrenten durchringen können.

Das Abkommen von Paris war zwar ein diplomatischer Erfolg. Ob es zu einem klimapolitischen Durchbruch führt, ist aber noch offen. Bleiben die vorgelegten NDCs bis 2030 unverändert, werden danach drastische Emissionsreduktionen und negative Emissionen nötig sein, um das 2 °C-Ziel noch zu erreichen. Für das 1,5 °C-Ziel sind die Anforderungen entsprechend verschärft. Technologisch ist dies prinzipiell möglich. Die ökonomischen Kosten sowie die gesellschaftlichen und politischen Herausforderungen der erforderlichen Emissionsreduktionen lassen aber daran zweifeln, ob künftige Regierungen und Gesellschaften diese Last auch schultern werden.

Derzeit ist noch nicht einmal gewährleistet, dass alle Regierungen ihre NDCs auch tatsächlich in ihren nationalen Energiepolitiken umsetzen. Nach wie vor liegt ihr Fokus oft auf dem Ausbau von Kohlekraftwerken in der Stromversorgung. Kohle ist reichlich vorhanden und trotz aller klimapolitischen Anstrengungen und Kostensenkungen der Erneuerbaren in den meisten Regionen auf absehbare Zeit die billigste Form der Stromerzeugung. Sie spielt daher in den energiepolitischen Planungen eine wichtige Rolle. Allein die im Jahr 2015 weltweit vorhandenen und geplanten Kohlekraftwerke würden bis zum Ende ihrer Lebensdauer bereits etwa die Hälfte des 2 °C-Budgets verbrauchen. Die geplanten NDCs sind daher in vielen Ländern offenbar noch nicht mit den nationalen energiepolitischen Plänen harmonisiert: Die Regierungen haben nicht mehr viel Zeit, ihre Ausbaupläne für die Kohlekraft zu revidieren.

Neben der Konsistenz der NDCs mit dem globalen Temperaturziel und nationaler Energiepolitik ist für eine erfolgreiche internationale Kooperation entscheidend, dass die nationalen Pläne zukünftig vergleichbar und überprüfbar sind. Die Nationalstaaten werden nur dann ambitionierte Politiken vorlegen, wenn sie darauf vertrauen können, dass andere Staaten ebenfalls akzeptable Anstrengungen unternehmen. Die derzeitigen NDCs sind allerdings kaum miteinander vergleichbar. China und Indien haben eine Reduktion der CO_2-Intensität ihrer Wirtschaft (CO_2 pro BIP) versprochen. Ihr absoluter Beitrag zur globalen Emissionsminderung lässt sich aber nur mit Hilfe von unsicheren und umstrittenen Annahmen über das künftige Wachstum ihrer Wirtschaft und Emissionen ermitteln. Damit bleibt unklar, was China und Indien tatsächlich zum Erreichen des globalen Ziels beitragen. Entscheidend ist jedoch, dass nach 2030 die nationalen Politiken, beispielsweise durch einen weltweiten CO_2-Preis, harmonisiert sein müssen. Aber genau davon sind die internationalen Verhandlungen noch weit entfernt.

Nach Paris: Vorschläge für die Ausgestaltung der internationalen Klimapolitik

Das Ergebnis der COP21 (21. Conference of the Parties) in Paris im Dezember 2015 ist ein Grundriss für eine globale Architektur, aber die Statik ist bislang noch fraglich. Zwar wurde das 2 °C-Ziel festgeschrieben und das 1,5 °C-Ziel in Aussicht gestellt, auch wurden gewisse Fortschritte bei der Klimafinanzierung und dem Waldschutz erzielt. Die Bedingungen für die internationale Kooperation werden aber erst nach 2018 verhandelt. Erkennen manche Länder, dass ihre eigenen Anstrengungen nicht wie erhofft durch eine entsprechende Klimapolitik in anderen Ländern erwidert werden, könnte dies zu einer Abwärtsspirale verminderter Ambitionsniveaus führen.

Diese Abwärtsspirale lässt sich aufhalten, wenn es zu gegenseitigen Verpflichtungen zwischen den Ländern kommt. Kündigt ein Land seine Verpflichtung auf, muss es damit rechnen, dass die anderen Länder ebenfalls ihre Verpflichtungen aufkündigen und die Kooperation zusammenbricht. Für gegenseitige Verpflichtungen ist entscheidend, dass die Beiträge zur Kooperation vergleichbar sind. Diese Vergleichbarkeit könnte durch die Festlegung nationaler CO_2-Preise hergestellt werden. Erstens sind CO_2-Preise einfach miteinander zu vergleichen, weil sie wenigstens näherungsweise das klimapolitische Ambitionsniveau und die Vermeidungskosten der Länder zeigen. Zweitens werden durch einen CO_2-Preis die Kosten für den Ausstoß aller CO_2-Emissionen erhöht und Emittenten zahlen für ihre

Verschmutzung. Emissionsintensive Produktionsformen, wie die Energiegewinnung aus Kohle, werden so verteuert und bei einem ausreichend hohen und steigenden Preis langfristig unrentabel. Damit kann man der Renaissance der Kohle wirksam entgegenwirken, weil erneuerbare Energien, wie Wind- und Solarkraftwerke, wettbewerbsfähig werden. Drittens können die zusätzlichen Einnahmen aus der Besteuerung von CO_2 oder der Versteigerung von Zertifikaten in den jeweiligen Ländern verbleiben. Sie sind für Finanzminister auch unabhängig von klimapolitischen Erwägungen attraktiv. Die zusätzlichen Einnahmen ließen sich etwa dazu verwenden, andere verzerrende Steuern zu senken, die Staatsverschuldung abzubauen, ärmere Bevölkerungsgruppen für ihre Zusatzbelastung zu kompensieren oder in öffentliche Infrastrukturen zu investieren. Bei global momentan etwa 49 Gt CO_2-Äquivalente Emissionen und einem hypothetischen Preis von 50 US\$ pro Tonne wären das jährlich immerhin fast 2,5 Billionen US\$ oder 3 % des globalen BIP.

Demgegenüber werden die jährlichen Kosten der Bereitstellung eines universalen Zugangs zu sauberem Wasser, Sanitäranlagen und Elektrizität auf insgesamt knapp 1 Billion US\$ geschätzt. Entscheidend ist zudem ein Abbau der Subventionen für die fossilen Energieträger. Weltweit werden diese von den Finanzministern mit fast 500 Mrd. US\$ jährlich subventioniert, meist in Form von niedrigen, festgeschriebenen Preisen in Ländern mit hohen Erdölvorkommen. Geht man zusätzlich davon aus, dass die fossilen Energieträger allein schon dadurch subventioniert werden, dass die Nutzung dieser Energieträger zu billig ist – gemessen an den gesamten Kosten, die ihre Nutzung tatsächlich verursacht –, so erhöht sich der Subventionsbetrag sogar um den Faktor 10, vor allem deshalb, weil die Luftverschmutzung durch Kohle die Lebenserwartung von Menschen drastisch verkürzt und Gesundheitskosten erhöht. Demnach ist die Nutzung von Kohle für die Gesellschaft keineswegs so billig, wie es der Marktpreis signalisiert. Rechnet man diese Kosten mit ein, dann wird die Tonne CO_2 mit durchschnittlich 150 US\$ subventioniert. Verhandlungen über einen CO_2-Preis bedürfen also gleichzeitig einer Absenkung der direkten wie auch der indirekten Subventionen.

Verhandlungen über CO_2-Preise

Wie lässt sich erreichen, dass Staaten über steigende CO_2-Preise verhandeln? Das Abkommen von Paris ermöglicht und ermutigt zu solchen Verhandlungen (Art. 6). Außerhalb der Klimarahmenkonvention, etwa in der G20, könnten einzelne Länder sich verpflichten, zunächst nationale CO_2-Preise entweder als Steuer oder als Mindestpreis in Emissionshandelssystemen einzuführen. Die nationalen CO_2-Preise könnten dann konditional formuliert werden: Länder würden nur hohe Preise einführen, wenn andere dies ebenfalls tun. Mit dieser Strategie ließen sich Befürchtungen in Bezug auf Wettbewerbsnachteile durch CO_2-Bepreisung entkräften. Zudem wird ein Sanktionsmechanismus etabliert, weil Länder als Reaktion auf die Senkung von CO_2-Preisen in anderen Regionen ebenfalls ihre Preise senken. Mit Blick auf das 2 °C-Ziel müssten regelmäßig die durch CO_2-Preise erreichten und erwarteten Emissionsreduktionen mit den Anforderungen des Langfristziels verglichen und die Preise entsprechend angepasst werden. Bei dieser Strategie wäre zunächst ein Vorangehen der größten Emittenten denkbar. Die angekündigten nationalen CO_2-Preispfade könnten auch Teil der formalen NDCs im Rahmen der UNFCCC werden. Für zusätzliche Länder wäre dann schrittweise ein Beitreten zu einer solchen CO_2-Preiskoalition möglich.

Dabei wäre es den Ländern überlassen, ob sie diesen Mindestpreis als Steuer oder in Form eines Emissionshandelssystems einführen. In bestehenden (Europa) und neuen (China) Emissionshandelssystemen wäre die Festlegung eines steigenden Mindestpreises denkbar, um glaubwürdige internationale Versprechen eingehen zu können. Im kalifornischen Emissionshandelssystem wurde ein solch steigender Mindestpreis bereits durch einen Reservepreis in den Zertifikatsauktionen eingeführt. Der seit Jahren geringe Zertifikatspreis des europäischen Emissionshandelssystems EU ETS (European Union Emissions Trading Scheme) würde im Zuge einer solchen Reform nach oben korrigiert werden können und müssen. Damit könnte die dynamische Ineffizienz im EU ETS – also der Aufbau einer langlebigen emissionsintensiven Infrastruktur bei den derzeitig niedrigen Zertifikatspreisen – korrigiert werden.

Strategische Klimafinanzierung

Zu einer weltweiten Koordination und Anhebung der CO_2-Preise wird es angesichts der großen Unterschiede zwischen einzelnen Ländern jedoch nur dann kommen können, wenn ein Lastenausgleich zwischen Arm und Reich erfolgt. Die Transferzahlungen sollten an ärmere Länder unter der Bedingung gezahlt werden, dass sie einen Mindestpreis für Emissionen akzeptieren. Vorstellbar wäre ein System von zunächst nach Ländergruppen differenzierten, ansteigenden und mittelfristig konvergierenden Mindestpreisen.

Die Höhe der Zahlungen aus einem internationalen Topf wie dem Green Climate Fund müsste dann mit dem Ambitionsniveau der nationalen Klimapolitik verknüpft werden. Ein Land mit einem vergleichsweise hohen CO_2-Preisniveau würde für seine höheren Vermeidungskosten kompensiert werden und hätte somit einen Anreiz, durch seine NDCs eine ambitioniertere Klimapolitik festzulegen. Konditionale Transferzahlungen würden das Anreizproblem der freiwilligen Selbstverpflichtungen teilweise auflösen, weil eine Senkung des Ambitionsniveaus zum Verlust der internationalen Unterstützung führen würde. Die Geberländer, die in den internationalen Fonds einzahlen, profitieren ebenfalls vom Bereitstellen der Klimafinanzierung, da die Konditionalität der Zahlungen zu ambitionierteren Emissionsreduktionen in den Empfängerländern führt, wodurch global mehr Klimaschutz erreicht wird. Jedes einzelne Land kann von der Konditionalität profitieren, weil sich damit die Gewissheit erhöht, dass auch andere Länder ambitionierten Klimaschutz unternehmen und der eigene Beitrag Teil eines Systems der institutionellen Koordination ambitionierter Klimapolitiken ist. Damit werden Länder entmutigt, sich als Trittbrettfahrer zu verhalten.

Ein System der konditionalen Transferzahlungen hat jedoch nur dann eine Chance, wenn die Entwicklungsländer die Kapazität und Expertise zur Einführung von CO_2-Steuern besitzen. Ein Teil der versprochenen 100 Mrd. US\$ kann zunächst dazu genutzt werden, diese Kapazitäten aufzubauen. Sorgen über regressive Wirkungen von CO_2-Steuern ließen sich durch die Entwicklung von sozial verträglichen und länderspezifischen Steuermodellen verringern. Der GCF könnte etwa Steuererleichterungen und Kompensationszahlungen für ärmere Bevölkerungsgruppen bei der Einführung von CO_2-Preisen vorfinanzieren, um regressive Effekte zu vermeiden und die soziale Akzeptanz zu erhöhen.

Es wird darauf ankommen, dass in den nächsten Jahren diese strategische Klimafinanzierung implementiert wird. Bislang zielt der GCF auf die Förderung einzelner Projekte ab. Mit Blick auf das selbstgesteckte Ziel einer Unterstützung der Transformation der Weltwirtschaft greift der projektbasierte Ansatz des GCF allerdings zu kurz. Im Vergleich dazu setzt ein durch Klimafinanzierung unterstützter, steigender nationaler CO_2-Preis einen strukturellen Anreiz zur Dekarbonisierung und wird bei entsprechender Höhe auch den Ausbau der Kohlenutzung begrenzen.

Die Klimapolitik der Europäischen Union

Die Europäische Union will bis zum Jahr 2030 ihre Emissionen gegenüber 1990 um 40 % reduzieren, den Anteil der Erneuerbaren auf 27 % erhöhen und die Energieeffizienz um 27 % steigern. Die ersten beiden Ziele sind rechtlich verbindlich; das Energieeffizienzziel ist lediglich indikativ. Bis 2050 strebt die EU zudem eine Reduktion ihrer Emissionen um 80 % (gegenüber 1990) an. Dies ist ein politisches Ziel, aber keine rechtlich verbindliche Zusage.

Um diese Ziele zu erreichen, hat die EU-Kommission eine Reihe von Instrumenten eingeführt, die zeigen, wie die EU auf die Klima- und Energiepolitik ihrer Mitgliedsstaaten Einfluss nimmt: den Europäischen Emissionshandel, funktionsfähige Energiemärkte, Instrumente zur Erhöhung der Energiesicherheit, die Förderung der erneuerbaren Energien und der Energieeffizienz sowie die Integration des europäischen Strommarktes.

Dabei ist der Emissionshandel das zentrale Instrument der europäischen Klimapolitik. Er besteht aus drei Bausteinen: Erstens wird eine Emissionsobergrenze festgelegt. Zweitens werden im Umfang dieser Obergrenze Zertifikate, die zur Emission von Treibhausgasen berechtigen, vergeben. Einige Unternehmen erhalten sie vom Staat kostenlos zugeteilt, andere müssen sie im Rahmen einer Auktion erwerben. Der dritte Baustein besteht darin, dass diese Zertifikate gehandelt werden können. Firmen, bei denen billige Emissionsvermeidung möglich ist, können ihre Zertifikate an diejenigen verkaufen, die ihre Emissionen sonst zu relativ hohen Kosten vermeiden müssen. Dieser Handel führt dazu, dass die Emissionen dort vermieden werden, wo dies am billigsten möglich ist. Je größer die Kostenunterschiede zwischen verschiedenen Emittenten sind, umso größer sind die Kosteneinsparungen, die durch den Emissionshandel erzielt werden können.

Ein funktionierender Emissionshandel sollte möglichst alle Sektoren umfassen, die Zertifikate sollten versteigert werden und die Marktteilnehmer müssten in die langfristige Verbindlichkeit einer sinkenden Emissionsobergrenze vertrauen. Der europäische Emissionshandel sollte auch der nationalen Klimapolitik seiner Mitgliedsstaaten Rechnung tragen und mit den übrigen Instrumenten der Energiepolitik abgestimmt sein. Die Reform des europäischen Emissionshandels wird nun entlang dieser Optionen diskutiert.

Sektorale Erweiterung des Europäischen Emissionshandels

Der Emissionshandel ist umso effizienter, je mehr Sektoren er umfasst, da dann die günstigsten Optionen für die Emissionsminderung genutzt werden können. Im Europäischen Emissionshandel sind die Emissionen des Stromsektors, Teile des Industriesektors sowie alle Flüge innerhalb der EU begrenzt. Der Transportsektor und der Wärmesektor werden nicht im EU ETS reguliert. Die Entscheidung über die Einbeziehung des Flugverkehrs außerhalb Europas wurde nach intensiven Protesten aus China und den USA bis 2017 vertagt.

Für den Transportsektor wurden bislang keine Emissionsobergrenzen festgelegt. Für Autos und Lastkraftwagen gelten stattdessen Emissionsstandards. Weltweit hat die EU die ambitioniertesten Emissionsstandards. Dies hat zwar dazu geführt, dass die Emissionen pro gefahrenem Kilometer gesunken sind, die gesamten Emissionen im Transportsektor blieben davon jedoch unberührt. Dieses Instrument bietet keinen Anreiz, weniger zu fahren oder auf andere Verkehrsmittel auszuweichen. Auch der Anreiz, in Alternativen zum Verbrennungsmotor zu investieren, ist begrenzt. Effizienzstandards bergen daher immer das Risiko, dass die Emissionen trotzdem steigen und die Anreize für Innovationen zu gering sind. Daher wäre es sinnvoll, den Transportsektor in den Emissionshandel zu integrieren, um eine absolute Obergrenze für Emissionen einzuführen und einen direkten Anreiz zur Emissionsminderung zu schaffen. Ist eine solche Integration nicht möglich, ist es erforderlich, über eine erhöhte Mineralölbesteuerung oder über verschärfte Effizienzstandards nachzudenken.

Versteigerung oder kostenlose Zuteilung

Die Verteilungsgerechtigkeit des EU ETS kann gewahrt werden, wenn die Zertifikate nicht kostenlos zugeteilt, sondern versteigert werden. Bei einer kostenlosen Zuteilung entstehen für die betroffenen Unternehmen Zusatzgewinne einfach dadurch, dass die Zertifikate auf dem Markt nach der kostenlosen Zuteilung einen Preis bekommen, der das Vermögen der Unternehmen erhöht. Bei einer Versteigerung hingegen müssen die Unternehmen für ihre Anfangsausstattung bezahlen; die Versteigerungserlöse kommen dem Steuerzahler zugute. Nahezu die Hälfte aller Emissionsrechte wird im Stromsektor auktioniert; die andere Hälfte wird den Wirtschaftszweigen zugeteilt, von denen vermutet werden kann, dass sie in einem starken internationalen Wettbewerb stehen, wie beispielsweise die Aluminium-Produktion oder die chemische Industrie. Damit soll die Abwanderung dieser Industrien verhindert werden. Die Auktionserlöse werden den Mitgliedsstaaten proportional zu ihren Emissionen zurückerstattet.

Gründe für den Preisverfall – Der Zweifel der Händler an der Glaubwürdigkeit der EU-Klimapolitik

Mit dem Ausbruch der Finanzkrise 2008 produzierten die Unternehmen weniger Emissionen und verkauften daher ihre nicht benötigten Zertifikate. In der Folge ging der Preis für die Zertifikate in den Keller. Dies hat im EU ETS zu beträchtlichen Verwerfungen geführt. Wie Abbildung 12 zeigt, ist nicht nur der Preis für Zertifikate, die aktuell gehandelt werden, (Spotmarkt) gesunken, sondern auch der Preis für Zertifikate, die erst zu einem bestimmten zukünftigen Zeitpunkt den Besitzer wechseln (Zukunftsmärkte, «Futures»). Der Preis für Emissionszertifikate hängt nämlich entscheidend von den Erwartungen der Finanzmarktakteure über das langfristige staatliche Angebot von Zertifikaten ab. Weil Zertifikate kurzfristig im Übermaß verfügbar sind und die Marktakteure nur geringes Vertrauen in eine langfristig ambitionierte Klimapolitik der EU haben, sind die Preise niedrig und entfalten keine energiepolitische Steuerungswirkung. Die Händler erwarten offensichtlich auch in der Zukunft keine wesentliche Knappheit auf dem Emissionsmarkt. Dies steht jedoch im Widerspruch zu dem klimapolitisch gebotenen, bisher allerdings rechtlich nicht bindenden Ziel, die Emissionsobergrenze nach 2030 weiter zu verschärfen. Das Ergebnis: Die Preise am europäischen Zertifikatsmarkt sind gefallen, nicht weil die Vermeidungskosten durch technischen Fortschritt gesunken sind, sondern weil die Erwartungen der Händler permanent enttäuscht wurden. Andere Effekte, wie die starke Förderung der erneuerbaren Energien in Deutschland oder der Zufluss von CDM-Zertifikaten, drückten zwar auf die Preise. Wie empirische Untersuchungen zeigen, ist dieser Effekt in seiner quantitativen Bedeutung allerdings relativ gering. Lediglich 10 % des Preisverfalls lassen sich durch nationale Maßnahmen wie das Erneuerbare-Energien-Gesetz (EEG), den Zufluss der CDM-Zertifikate und durch den Konjunktureinbruch erklären. Die restlichen 90 % sind auf das sinkende Vertrauen der Investoren in die europäische Klimapolitik zurückzuführen. Weder waren die politischen Zusagen glaubwürdig genug, die Überschussmengen dauerhaft aus dem Markt zu nehmen, noch

Abb. 12: Entwicklung der Preise für CO_2-Emissionen (Spotmarkt) sowie die Erwartungen für zukünftige Preise (Futures-Markt). Quelle: ICE Futures (2016)

sind die Beschlüsse für die Klimapolitik nach 2030 für die Marktakteure vertrauenerweckend.

Zwar hat sich die Politik dazu durchgerungen, einen Teil der Überschussmengen zumindest zeitweise durch die sogenannte «Market Stability Reserve» vom Markt zu nehmen. Aber die Wirkung auf den Preis bleibt weiterhin ungewiss. Die Händler haben offenbar längst eingepreist, dass die Zertifikate in Zukunft wieder in den Markt zurückgeschleust werden. Langfristig wird damit das Angebot zu wenig verknappt und auch der aktuelle Preis verharrt auf niedrigem Niveau. Aber gerade durch dieses mangelnde Vertrauen in eine langfristige, effektive EU-Klimapolitik werden heute Investitionen unterlassen, die für ein kostengünstiges Erreichen des Minderungszieles bis 2030 entscheidend sind. Der Europäische Emissionshandel ist zu einem Wettbüro der Händler für politische Entscheidungen geworden – seine Rolle als Markt für die effizientesten Vermeidungstechnologien hat er längst verloren. Es wäre also sinnvoll, wenn sich die Politik zu Maßnahmen durchringen könnte, um die langfristigen Erwartungen der Investoren zu stabilisieren.

Der Europäische Emissionshandel und die nationale Klimapolitik

Das EU ETS hat jedoch noch einen anderen Konstruktionsfehler: Es nimmt auf die nationalen Interessen seiner Mitgliedsstaaten zu wenig Rücksicht. Die Länder in der EU haben unterschiedliche Präferenzen für den Klimaschutz und unterschiedliche Vorstellungen von einem nationalen Energiemix. Wenn ein Land seine Emissionen stärker reduzieren will als in der europaweiten Strategie vorgesehen, hat dies im Europäischen Emissionshandel die Konsequenz, dass diese Zusatzanstrengungen zunichtegemacht werden. Im Europäischen Emissionshandel ist eine nationale Zusatzanstrengung letztendlich wirkungslos, weil die Zertifikatsmenge insgesamt unverändert bleibt und die Emissionen somit lediglich in andere Länder verschoben werden. Die Freisetzung nicht genutzter Zertifikate erhöht das Angebot und senkt den Zertifikatepreis, was Investitionen in sonst unrentable Anlagen wieder attraktiv macht. Zwar könnten sich die Länder mit ambitionierter Klimapolitik dazu entscheiden, Zertifikate auf dem Markt zu kaufen und diese stillzulegen. Dadurch würde der Preis angehoben; die anderen Länder würden ein solches Vorgehen aber kaum politisch billigen. Langfristig würde durch unilaterale Emissionsreduktionen die Kooperation zwischen den europäischen Mitgliedsstaaten erheblich leiden. Ein europäisches Instrument, das die Energiepolitik seiner Mitgliedsstaaten ignoriert, ist zum Scheitern verurteilt.

Die Einführung eines CO_2-Mindestpreises könnte helfen, denn unter dieser Voraussetzung werden die nationalen Zusatzanstrengungen in gewissem Maße belohnt. Bei einem europäischen Mindestpreis könnte zum Beispiel Deutschland relativ zügig aus der Kohle aussteigen, ohne dass diese Zusatzanstrengungen vollständig zunichtegemacht würden. Fällt der Zertifikatepreis auf den garantierten Mindestpreis, führen zusätzliche Anstrengungen in Deutschland zu keiner weiteren Senkung des EU-Zertifikatepreises und daher auch nicht zu entsprechenden Zusatzemissionen in anderen Ländern. Ein deutscher Kohleausstieg würde dann zu tatsächlichen Emissionsminderungen führen. Und auch wenn dies wahrscheinlich zur Folge hätte, dass Deutschland Strom importiert, ist die Angst unbegründet, dass die Stromversorgung zu stark vom Ausland abhängig wäre. Deutschland produziert seit Jahren mehr Strom, als es verbraucht, in 2015 wurden knapp 6% der Gesamtproduktion exportiert. Bei der oben beschriebenen Politik würde Deutschland stattdessen einen vergleichbaren Anteil seines Strombedarfs importieren.

Die EU-Mitgliedsstaaten werden sich jedoch nur dann auf einen Mindestpreis einigen, wenn die ärmeren Länder von den reichen Ländern einen Transfer erhalten. Ein höherer Mindestpreis bedeutet beispielsweise für Polen größere Vermeidungsanstrengungen und Kosten in Form von weniger Arbeitsplätzen im Kohleabbau und in energieintensiven Industrien. Diese werden nur dann akzeptiert, wenn die Betroffenen dafür finanzielle Unterstützung erhalten. Solche Transfers lassen sich durch die zusätzliche Zuweisung von Emissionsrechten ermöglichen.

Weitere Instrumente europäischer Klima- und Energiepolitik

Der Emissionshandel ist jedoch nur ein Instrument der europäischen Klima- und Energiepolitik. Der Übergang zu einer emissionsarmen Wirtschaftsweise erfordert die Integration verschiedener energiepolitischer Bereiche in ein Bündel von koordinierten Maßnahmen. Von einer eigenständigen europäischen Energiepolitik kann man erst seit 2009 sprechen, seit im Artikel 194 des Lissabon-Vertrags funktionsfähige Energiemärkte, Energiesicherheit, die Förderung der erneuerbaren Energien und der Energieeffizienz sowie die Integration des europäischen Strommarktes festgeschrieben wurden. Die EU-Kommission will durch eine Reihe von Maßnahmen die Energieeffizienz erhöhen, vor allem um die Energieimporte zu reduzieren und damit die Energiesicherheit zu erhöhen: Die Eco-Design-Richtlinie gehört ebenso dazu wie die Sanierung des Gebäudesektors und die staatliche Beschaffungspolitik. Ein europäischer Strommarkt soll die Kosten der Fluktuation bei den erneuerbaren Energien kurzfristig senken. Ziel ist es, die Energieeffizienz und die erneuerbaren Energien in der EU ebenso zu fördern wie CCS. Bislang sind jedoch alle EU-Projekte zu CCS an politischen Hürden gescheitert. Die sogenannte «Renewable Energy Source

Directive» wurde 2009 beschlossen und schreibt vor, dass der Anteil der erneuerbaren Energien bis zum Jahr 2020 20% an der europäischen Stromproduktion erreicht haben soll. Dabei wurden für die einzelnen Mitgliedsstaaten verbindliche Ziele für erneuerbare Energien festgelegt. Die Mitgliedsstaaten sind nun verpflichtet, ihre nationalen Pläne bei der Kommission einzureichen. Die Instrumente der Mitgliedsstaaten sind jedoch nicht auf die europäischen Ziele abgestimmt. Das Beispiel der deutschen Energiewende zeigt, dass dies zu unerwünschten Wirkungen führen kann. Damit müssen wir uns nun im nächsten Abschnitt auseinandersetzen.

Die deutsche Energiewende und der Klimaschutz

Die deutsche Energiewende ist eng mit der Umweltbewegung verbunden: Der Ausstieg aus der Kernenergie und die Förderung der erneuerbaren Energien sollten eine nachhaltige Energieversorgung sicherstellen. Ihre Wurzeln reichen zurück zum Einzug der Grünen in den deutschen Bundestag 1983. Das Reaktorunglück 1986 in Tschernobyl delegitimierte die Kernenergie als billige und sichere Quelle der Stromversorgung bis weit in die Mitte der Gesellschaft. Im Jahr 2000 wurde unter der rotgrünen Bundesregierung der Ausstieg aus der Kernenergie beschlossen. Diesen Ausstiegsbeschluss nahm die schwarz-gelbe Bundesregierung 2010 zwar wieder zurück; nach dem Reaktorunglück in Fukushima 2011 entschloss sich dieselbe Bundesregierung aber praktisch über Nacht, bis 2022 aus der Kernenergie auszusteigen. Die Zustimmung zum Ausstieg aus der Kernenergie ist in Deutschland sehr hoch, und an diesem Konsens rüttelt bislang keine der im Bundestag vertretenen Parteien.

Seit den 1990ern haben sich fast alle Bundesregierungen energie- und klimapolitische Ziele gesetzt: Der Ausbau der erneuerbaren Energien, die Minderung von Treibhausgasemissionen und die Erhöhung der Energieeffizienz sind Bestandteil dieses Zielkatalogs. Die aktuellen Ziele wurden im Energiekonzept (2010) und in einem Beschluss des Bundeskabinetts (2011) festgelegt; auch im EEG sind Ziele formuliert. Der neueste – und

	2020	2030	2040	2050
Treibhausgasemissionen (im Vergleich zu 1990)	-40%	-55%	-70%	-80% bis -95%
Erneuerbare Energien (Anteil Gesamtenergieverbrauch)	18%	30%	45%	60%
Erneuerbare Energien (Anteil Stromerzeugung)	35%	*	*	mindestens 80%
Primärenergieverbrauch (im Vergleich zu 2008)	-20%	-	-	-50%

* Im Strombereich sind die Zwischenziele für erneuerbare Energien nicht für 2020 und 2030 formuliert, sondern für 2025 und 2035.

Tab. 2: Ziele des Klimaschutzplans 2050. Quelle: BMUB (2016)

detaillierteste – Zielkatalog wurde im «Klimaschutzplan 2050» formuliert, den das Kabinett Ende 2016 als Reaktion auf die Klimakonferenz in Paris beschlossen hat. Seine zentralen Ziele sind in Tabelle 2 zusammengefasst.

Der Klimaschutzplan hat auch für die einzelnen Sektoren Ziele formuliert. So soll der Gebäudesektor (also vor allem Heizungen) bis 2030 die Emissionen um rund 66% senken, der Energiesektor (also vor allem Kraftwerke) um 61%, die Industrie um 50% und der Verkehrssektor (also vor allem Autos und Lastwagen) um 41%. Die Sektoren haben unterschiedlich stringente Ziele, weil sich Emissionen im Gebäudesektor einfacher reduzieren lassen als im Verkehrssektor, beispielsweise durch besser isolierte Häuser. Ein emissionsarmer Stromsektor hat dabei eine Schlüsselrolle für alle anderen Sektoren, weil dort Strom fossile Brennstoffe ersetzen soll – etwa in Wärmepumpen und Elektroautos. Leider wird gerade im Stromsektor in den letzten Jahren wieder vermehrt Kohle eingesetzt.

Die Wiederkehr der Kohle

Warum wieder mehr Kohle zur Stromerzeugung verwendet wird, zeigt sich, wenn man sich die Funktionsweise des Strommarktes vor Augen führt. Wie auf jedem Markt, so bestimmt auch auf dem Strommarkt das Zusammenspiel von Angebot und Nachfrage den Preis. Atomkraftwerke sind, sobald die

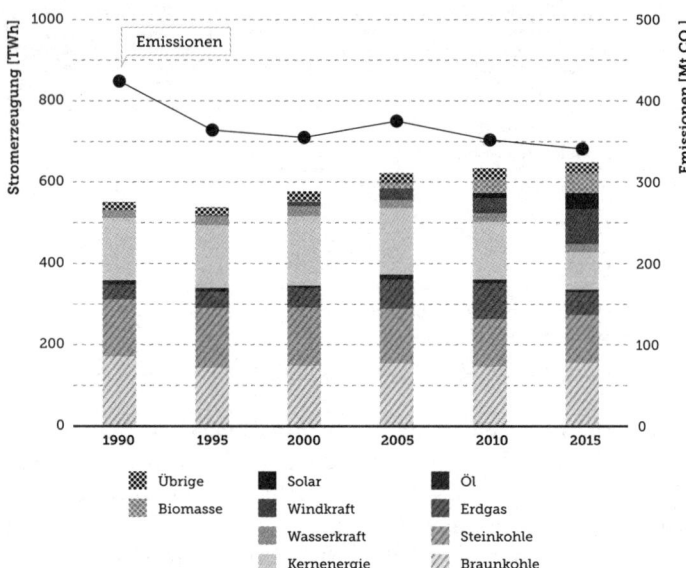

Abb. 13: Stromerzeugung und daraus resultierende CO_2-Emissionen
in Deutschland 1990–2015. Quelle: BMWi (2016), IEA (2016)

hohen Anfangsinvestitionskosten getätigt wurden, traditionell im Betrieb die kostengünstigsten Kraftwerke, gefolgt von den Braunkohle- und Steinkohlekraftwerken. Die teuersten Kraftwerke sind die Gaskraftwerke. Diese sogenannte «Merit-Order» bestimmt die Reihenfolge, wie die verschiedenen Kraftwerkstypen zum Einsatz kommen. Ist die Nachfrage gering, werden nur die günstigsten Kraftwerke zur Stromerzeugung herangezogen; ist die Nachfrage hoch, wird auch auf relativ teure (Gas-) Kraftwerke zurückgegriffen. Nachdem die Rolle von Kohle bei der Stromerzeugung jahrzehntelang zurückging und die von Erdgas zunahm, kehrt sich dieser Trend seit 2010 um (siehe Abbildung 13). Zwischen 2009 und 2016 wurden in Deutschland 17 Kohlekraftwerke mit einer Gesamtleistung von fast 10 Gigawatt in Betrieb genommen.

Dies ist dadurch zu erklären, dass sich die «Merit-Order» zugunsten der Kohle verändert hat: Das Verhältnis der variablen

Kosten der Stromerzeugung aus Kohle und Gas bestimmt sich durch die Preise für Kohle, Erdgas und CO_2. Das Verhältnis des Gaspreises zum Kohlepreis schwankt zwar innerhalb eines Jahres beträchtlich, dennoch hat es sich zwischen 2010 und 2015 zugunsten der Kohle verändert. Der Verfall des Kohlepreises gegenüber dem Gaspreis war ein wichtiger Grund, warum die Stromerzeugung seit einigen Jahren aus Kohlekraftwerken günstiger ist als die aus Gaskraftwerken. Gleichzeitig fiel aber auch der CO_2-Preis um etwa 60 % von 16 €/t auf 6 €/t. Der Preisverfall hat die variablen Kosten von emissionsintensiven Braunkohlekraftwerken, die von einem CO_2-Preis stärker betroffen sind als etwa Gaskraftwerke, ungefähr halbiert. Die Preise von Kohle und Gas werden auf dem Weltmarkt gebildet. Die Politik hat darauf keinen großen Einfluss. In manchen Jahren begünstigen diese Preisrelationen die Kohle im Stromsektor, in anderen Jahren kann sich dieser Trend für kurze Zeit verändern. Daraus kann für die Politik aber nur folgen, dass ein CO_2-Preis notwendig ist, um die Emissionen zu senken: Auf diesen Preis hat die Politik einen unmittelbaren Einfluss – sie hat den Markt ja überhaupt erst geschaffen. Daher wäre die Wiederkehr der Kohle mit einem ausreichend hohen CO_2-Preis im Rahmen einer langfristig glaubwürdigen europäischen Klimapolitik vermeidbar gewesen.

Durch die Wiederkehr der Kohle in Deutschland wird der Ruf nach einem deutschen Kohleausstieg immer lauter. Diskutiert wird ein ordnungsrechtlicher Ausstieg aus der Kohle, analog zum Ausstieg aus der Kernenergie. Dies ist jedoch politisch umstritten: Zum einen wird befürchtet, ein deutscher Kohleausstieg könnte Arbeitsplätze vernichten, etwa in der Lausitz. Zum anderen wird immer wieder bestritten, dass ein einseitiger deutscher Kohleausstieg überhaupt sinnvoll ist. Denn durch einen einseitigen deutschen Kohleausstieg würden auf dem europäischen Emissionsmarkt Zertifikate freigesetzt, die das Angebot an Zertifikaten weiter erhöhen und damit zu einem anhaltenden Preisverfall führen. Dadurch würden die Emissionen in den anderen Mitgliedsstaaten steigen. Um diesem Effekt entgegenzuwirken, enthielt die ursprüngliche Fassung des Klimaschutzplans 2050 die Forderung nach einem Mindestpreis auf dem europäischen Emissionsmarkt. Diese Forderung wurde gestrichen, ebenso genauere Angaben zum Ausstieg aus der Kohle. Somit hat die Bundesregierung dieses Kernstück der Energiewende auf die nächste Legislaturperiode verschoben.

Die Förderung der erneuerbaren Energien

Die Stromerzeugung aus erneuerbaren Energien ist in Deutschland seit dem Jahr 2000 rasant gewachsen. Alleine durch die Marktkräfte wäre das nicht möglich gewesen, selbst bei einem höheren CO_2-Preis. Das im Jahr 2000 in Kraft getretene EEG und sein Vorläufer, dass Stromeinspeisegesetz von 1990, subventioniert erneuerbare Energien und gewährt ihnen eine Abnahmegarantie, den sogenannte Einspeisevorrang. So ist es gelungen, den Anteil der Erneuerbaren im Strommix von 4% Anfang der 1990er auf 15% im Jahr 2008 und 30% im Jahr 2015 zu erhöhen (siehe Abbildung 13). Zugleich sind die Stromgestehungskosten der Erneuerbaren durch Verbesserungen der Erzeugungstechnologien und mehr Wettbewerb unter den Herstellern gesunken, vor allem die der Photovoltaik und der Windenergie auf Land. Windenergie lieferte im Jahr 2015 13,5% des deutschen Stroms, Solarenergie 6%, Biomasse knapp 7% und Wasserkraft 3%. Das deutsche EEG hat möglicherweise auch dazu beigetragen, dass die Stromgestehungskosten für Wind und Photovoltaik global stark gesunken sind und somit auch für andere Länder eine attraktive Energiequelle darstellen.

Die Förderung geschieht über einen festen, meist 20 Jahre garantierten Einspeisetarif. Die Differenz zum Preis an der Strombörse wird hierbei von den Stromverbrauchern als Umlage finanziert. Wegen des starken Ausbaus von Wind- und Solarenergie und den niedrigen Preisen an der Strombörse nach 2010 sind die Ausgaben für das EEG sprunghaft angestiegen. Insgesamt werden sich die Subventionen für erneuerbare Energien bis zum Jahr 2030 wohl auf mehr als 200 Mrd. € aufsummieren – je nach den Annahmen, die über die zukünftige Strompreisentwicklung gemacht werden. Daher hat das EEG eine Reihe von grundlegenden Reformen durchlaufen. Die 2012 eingeführte Marktprämie belohnt diejenigen Anlagen mit zusätzlichen Erlösen, die aufgrund ihrer Betriebsweise ökonomisch besonders wertvoll sind, z. B. Windanlagen, die relativ gleichmäßig Strom erzeugen. 2015 bis 2017 wurde die Förderung ein weiteres Mal schrittweise grundlegend umgestellt. Die Politik legt zwar nach wie vor den Ausbaupfad der erneuerbaren Energien fest, die Mengen werden jedoch versteigert, so dass die erneuerbaren Energien einem Kostenwettbewerb ausgesetzt sind, weil nur der günstigste Anbieter den Zuschlag erhält. Der Einspeisetarif wird also nicht mehr direkt durch die Politik festgelegt, sondern ergibt sich durch Wettbewerb. Dadurch wird außerdem verhindert, dass mehr (oder weniger) Kapazität gebaut wird, als die Politik wünscht. Die ersten Auktionen für Photovoltaik scheinen ein voller Erfolg gewesen zu sein: die gezahlten Preise lagen deutlich niedriger als erwartet, erneuerbare Energien sind für die Verbraucher also günstiger als bisher.

Auch wenn sich die Energiewende einer relativ hohen politischen und gesellschaftlichen Zustimmung erfreut, bleibt die Frage, ob die erneuerbaren Energien überhaupt subventioniert werden müssen und wie ein Strommarkt aussähe, der in der Lage ist, einen hohen Anteil erneuerbarer Energien zu integrieren. Grundsätzlich könnte man argumentieren, dass der Strommarkt die erneuerbaren Energien integrieren kann, wenn es einen ausreichend hohen CO_2-Preis gibt. Die erneuerbaren Energien bedürften danach keiner eigenen Förderung, denn in Zeiten, in denen der Wind nicht bläst und die Sonne nicht scheint, kämen die relativ teuren Gaskraftwerke oder Stromspeicher zum Einsatz. Der Strommarkt hätte dann lediglich dafür zu sorgen, dass sich Preise nach Angebot und Nachfrage bilden können und die Regulierungsbehörden in Zeiten knappen Stroms auch hohe Preisspitzen zulassen. Darüber hinaus müssten die Preise ebenfalls regional differenziert sein, um den Investoren zu signalisieren, wo ein Kraftwerksbau aus Sicht des Stromnetzes sinnvoll wäre. Die Energiewirtschaftler sprechen davon, dass ein solcher «Energy-only»-Markt ausreichen würde, um sicherzustellen, dass die Stromnachfrage zu jedem Zeitpunkt und an jedem Ort gedeckt wird. In diesem idealtypischen

Modell bedarf es nur eines CO_2-Preises, der dafür sorgt, dass die Nutzung fossiler Energien ihre sozialen Kosten widerspiegelt, alles Weitere erledigt der Markt. Gegen die Vorstellung, es gäbe nur dieses eine Marktversagen, werden jedoch verschiedene Einwände erhoben.

Lerneffekte bei der Diffusion der erneuerbaren Energien: Die Kosten für Photovoltaik sind in den letzten Jahren drastisch gesunken: Mit jeder Verdoppelung der Kapazität sind sie um durchschnittlich etwa 20% gefallen. Ein Marktversagen läge dann vor, wenn der einzelne Investor durch den Ausbau der Kapazitäten dazu beiträgt, dass Kostensenkung in der gesamten Branche anfallen. Er wird dann nicht ausreichend in den Ausbau der Kapazität investieren, weil er nicht den gesamten Ertrag seiner Investition einfährt. Es ist jedoch bislang nicht geklärt, ob die Kostensenkung tatsächlich durch Lerneffekte ausgelöst wurde, die ein Marktversagen begründen. Um diese Lerneffekte zu beschleunigen, wäre eine temporäre Unterstützung der Erneuerbaren zu rechtfertigen; eine dauerhafte Förderung ließe sich jedoch nicht begründen.

Mit dem Hinweis auf das «*Null-Grenzkosten*»-*Problem* wird versucht, eine dauerhafte Förderung der erneuerbaren Energien zu rechtfertigen. Der «Energy-only»-Markt mit einem hohen Anteil erneuerbarer Energien, so das Argument, sei nicht in der Lage, zu jedem Zeitpunkt und an jedem Ort ausreichend Kapazitäten bereitzustellen. Steigt nämlich der Anteil der erneuerbaren Energien, würde es keine positiven Preise am Strommarkt geben, weil die Anbieter einen Preis setzen, der ihren variablen Kosten von null entspricht. Ihre Fixkosten müssten daher durch die Einspeisetarife gedeckt werden. Dies ist jedoch kein überzeugendes Argument. Denn in Zeiten hoher Nachfrage würden auch in einem Markt mit einem hohen Anteil erneuerbarer Energien die Preise steigen. Durch die steigenden Preise kämen flexible Kraftwerke zum Einsatz, die ihre Fixkosten durch den Preisanstieg langfristig decken würden. Auch könnten die Stromverbraucher flexibel auf Preisschwankungen reagieren und z. B. die Spülmaschine einschalten, wenn der Strompreis niedrig ist. Die erneuerbaren Energien können die

Nachfrage umso leichter decken, je besser durch ein integriertes Stromnetz Nachfrageschwankungen ausgeglichen werden können, je besser die Prognose von Wetterschwankungen funktioniert, je günstiger Speichertechnologien sind (z. B. Batterien) und je besser die Regelenergiemärkte funktionieren, auf denen auch die Erneuerbaren ihren Strom anbieten können. Das sind gewiss große Herausforderungen, die jedoch keine dauerhafte Subventionierung der erneuerbaren Energien begründen. Es wäre langfristig nicht sinnvoll, die erneuerbaren Energien vom Markt abzuschotten, denn ohne Förderung würde sich zwangsläufig eine Marktstruktur herausbilden, in der die Anbieter von Erneuerbaren ihre Fixkosten durch positive Preise decken. In einem solchen Markt können erneuerbare Energien durchaus bestehen, solange sie günstiger als Strom aus fossilen Quellen sind.

Wie auf jedem Strommarkt, so muss auch ein Markt mit einem hohen Anteil erneuerbarer Energien *Versorgungssicherheit* durch Vorhalten von Kapazitäten gewährleisten. Der Preis unzureichender Kapazitäten wäre für ein Industrieland hoch, weil Stromausfälle schwerwiegende Konsequenzen haben können. Ist der «Energy-only»-Markt dazu in der Lage? Da die Nachfrage auf dem Strommarkt während des Tages und über die Jahreszeiten schwankt, kommen die Gaskraftwerke nur bei der Spitzennachfrage zum Einsatz. Die Gaskraftwerke müssen in Zeiten der Spitzennachfrage ihre Kosten hereinspielen. Wird der Preis durch die Behörden gedeckelt, stellt sich im Gleichgewicht ein ineffizienter Kraftwerkspark ein, weil relativ teure Kraftwerke nicht mehr zum Zuge kommen und die Nachfrage nach Strom reduziert werden muss. Die Ausschläge des Strompreises nach oben sind also notwendig, damit auf dem Markt ausreichend Kapazitäten auch für solche Zeiten vorhanden sind. Dies ist in jedem Strommarkt der Fall, mit oder ohne erneuerbare Energien. Es ist jedoch nicht auszuschließen, dass auch bei hohen Preisen Angebot und Nachfrage nicht zur Deckung gebracht werden können. In diesem Fall sind Eingriffe in den Markt unvermeidlich, um ausreichende Kapazitäten zu garantieren. Es stellt sich jedoch die Frage, ob solche Kapazitätsmärkte überhaupt notwendig sind. Die Nachfrage nach Strom kann sehr viel flexibler gestaltet werden, wenn Heizungen, Haushaltsgeräte und Beleuchtung auf Preissignale automatisch reagieren. Big Data und Digitalisierung können hier einen wichtigen Beitrag zu einem solchen «Smart-Grid» leisten. Die Politik kann dies unterstützen, indem sie Preisausschläge zulässt und die Flexibilisierung der Stromnachfrage unterstützt. In Zeiten aktuell hoher Überkapazitäten auf dem Strommarkt wäre kurzfristig ein Kapazitätsmarkt ohnehin kontraproduktiv, weil dieser der Subventionierung fossiler Kraftwerke Vorschub leisten würde. Die Klima- und Energiepolitik der Zukunft sollte jedoch darauf ausgerichtet sein, Subventionen überflüssig zu machen und funktionsfähige Märkte herzustellen. Es wäre langfristig kontraproduktiv und auch paradox, die erneuerbaren Energien vom Markt abzuschotten, denn im Gegensatz zu den fossilen Energien und der Kernenergie eröffnen sie die Möglichkeit für funktionsfähige Wettbewerbsmärkte, die die alten vermachteten Energiemärkte überwinden.

Wann kommt die Verkehrswende in Deutschland?

Die Energiewende in Deutschland war bislang eine Stromwende. Die Dekarbonisierung der Stromerzeugung ist notwendig, da dieser Bereich eine Schlüsselrolle für alle anderen Sektoren einnimmt. So können die Emissionen im Verkehrssektor wohl nur dann stark reduziert werden, wenn der Personenverkehr ab 2030 auf Elektromobilität umgestellt wird. Seit 2009 steigen jedoch die Verkehrsemissionen wieder, so dass sie heute in etwa auf demselben Niveau liegen wie 1990 – aus Klimasicht also 25 verlorene Jahre. Den höchsten Anteil an den Emissionen im Verkehrssektor in Deutschland hat der motorisierte Individualverkehr mit 57%, der Straßengüterverkehr verursacht 23% der Emissionen. Das zunehmende Verkehrsaufkommen führt zugleich zu einem steigenden Flächenverbrauch, vermehrten Staus und einer erhöhten Luftverschmutzung.

Stadtentwicklung, Verkehr und Klimaschutz

Diese Probleme lassen sich aber nicht dadurch bekämpfen, dass man mehr Straßen baut und damit die Städte «autogerechter» gestaltet, sondern indem die vorhandene Infrastruktur effizienter genutzt und Alternativen, wie beispielsweise öffentlicher Nahverkehr, zur Verfügung gestellt werden. Eine kilometerabhängige Gebühr für die Straßennutzung kann nicht nur zu sinkenden Stauzeiten, sondern auch zu weniger Emissionen und zu einem geringeren Flächenverbrauch führen. Diese Gebühren verschaffen den Städten neue Einnahmen, die sie wiederum dazu verwenden können, in ihren Nahverkehr zu investieren, was den Widerstand gegen solche Gebühren mindern könnte.

Verkehrspolitisch effektiv ist ein Nahverkehrssystem dann, wenn Wartezeiten reduziert werden. Denn Menschen sind nur bereit, eine bestimmte Zeit zwischen Wohnung und Arbeit zu pendeln; sie werden daher vorzugsweise das schnellste und nicht in erster Linie das billigste Verkehrsmittel wählen. Erst ein schneller Nahverkehr in Verbindung mit einer Verteuerung des Autoverkehrs verspricht eine substantielle Verminderung des motorisierten Individualverkehrs in den Städten.

Die Nachfrage nach innerstädtischem Wohnraum ist in den letzten Jahren gestiegen. Dies hat zu einem starken Anstieg der innerstädtischen Immobilienpreise und Mieten geführt. Dieser Preisanstieg könnte von der öffentlichen Hand durch eine Besteuerung des Bodenwerts abgeschöpft werden. Diese Bodensteuer kann so ausgestaltet werden, dass der innerstädtische Boden nicht nur effizienter genutzt und die Ausdehnung der Städte eingedämmt wird, sondern die Kommunen zusätzliche Einnahmen erzielen, die sie dringend für Investitionen in Energie- und Transportsysteme benötigen, um somit die Lebensqualität und die Wettbewerbsfähigkeit ihrer Städte zu verbessern. Leider sieht die Grundsteuerreform in Deutschland vor, dass nicht nur der Boden, sondern auch die Gebäude besteuert werden. Die Besteuerung des Gebäudes wirkt jedoch wie eine Investitionssteuer auf den Wohnungsbau, was angesichts eines mangelnden Wohnungsangebotes wenig sinnvoll ist. Für die

Verminderung von Verkehrsemissionen wird man um eine direkte Bepreisung von CO_2 nicht herumkommen. Diese wird aber weiter zu verdichtetem Bauen in den Städten führen, was wiederum steigende Bodenpreise bedingt und die Ungleichheit zwischen Wohnungsbesitzern und Mietern beträchtlich erhöhen könnte. Eine Bodenwertsteuer wäre eine Möglichkeit, diese Ungleichheit zumindest abzumildern. Dies führt zu einer grundsätzlicheren Frage: Ist der Vorwurf berechtigt, Klimapolitik sei sozial ungerecht, weil sie vor allem Menschen mit geringem Einkommen belastet?

Klimapolitik, Ungleichheit und Armutsbekämpfung

Die überwältigende Mehrheit der Ökonomen ist sich darin einig, dass CO_2-Preise ein effizientes Instrument der Klimapolitik sind. Aber sind sie auch sozial gerecht? Grundsätzlich besteht unter Ökonomen kein Zweifel daran, dass CO_2-Preise, Mautgebühren oder Mineralölsteuern Haushalte mit geringem Einkommen stärker belasten als Haushalte mit hohem Einkommen. Sollen diese regressiven Wirkungen verhindert werden, bedarf es einer ergänzenden Steuerreform. An der Ausgestaltung dieser Steuerreform wird sich entscheiden, ob CO_2-Preise eingeführt bzw. bereits bestehende (wie z. B. durch den Europäischen Emissionshandel) erhöht werden können. In der Politik werden häufig nicht die effizientesten Maßnahmen eingeführt, sondern jene, die mit dem geringsten Widerstand durchzusetzen sind. Weil die Ungleichheit der Einkommens- und Vermögensverteilung zunehmend kritisch betrachtet wird, kommt diesem Umstand große Bedeutung zu. Kann also die Klimapolitik so ausgestaltet werden, dass sie die Ungleichheit der Einkommens- und Vermögensverteilung zumindest nicht erhöht? Eine entsprechende Ausgestaltung von Steuern und die Finanzierung notwendiger Infrastruktur bieten hierzu wichtige Ansatzpunkte. Das soll in diesem Abschnitt diskutiert werden.

Eine Bepreisung von CO_2 belastet in Volkswirtschaften mit hohem Pro-Kopf-Einkommen vornehmlich die einkommensschwachen Haushalte. Wie Abbildung 14 für die USA zeigt,

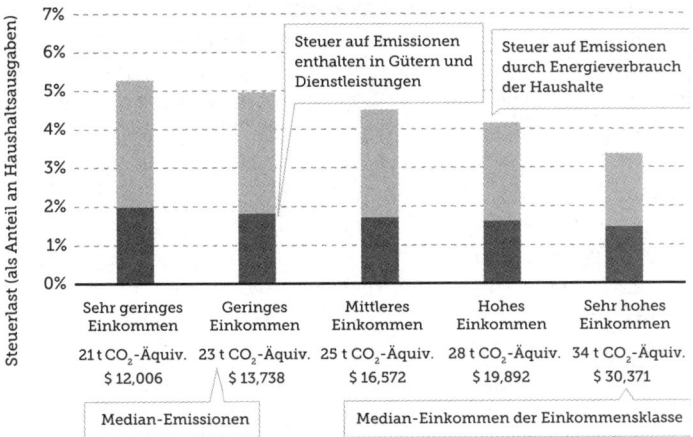

Steuerlast bei 30$/Tonne CO_2

Abb. 14. Die Kohlenstoff-Engel-Kurve. Aufteilung nach Einkommensquintilen mit dem jeweiligen Median der Pro-Kopf-Emissionen und Pro-Kopf-Ausgaben pro Jahr für die USA. Quelle: Eigene Darstellung basierend auf Einkommens- und Verbrauchsdaten in Tabelle 3 in Grainger und Kolstad (2010).

wären ärmere Haushalte prozentual zu ihrem Einkommen stärker von einem CO_2-Preis betroffen als reichere. Dafür gibt es im Wesentlichen zwei Gründe: Einerseits ist der Anteil an Energieausgaben für ärmere Haushalte größer als für reichere. Dies ist in den grau schattierten Balken dargestellt. Der zweite Grund bezieht sich auf die Emissionen, die zur Herstellung von Konsumgütern und Dienstleistungen anfallen. Diese sind – bezogen auf jeden ausgegebenen Dollar – für ärmere Haushalte höher als für reichere (schwarz schattierte Balken). Dies erklärt sich dadurch, dass mit steigendem Einkommen der Ausgabenanteil für Basisgüter sinkt, während der für Luxusgüter ansteigt (dies wird als Engel'sches Gesetz bezeichnet), und Letztere relativ zum Preis weniger emissionsintensiv sind. Der beschriebene Sachverhalt ändert nichts daran, dass die reichen Haushalte in absoluten Größen mehr CO_2 produzieren als die ärmeren.

Die Umweltpolitik der Zukunft kann nur dann gerecht sein,

wenn den indirekten Steuern oder CO_2-Preisen der Stachel der Regressivität gezogen werden kann. Dies ist durch mehrere komplementäre Maßnahmen möglich: (1) eine ergänzende progressive Reform der Einkommenssteuer, (2) die Indexierung von Sozialtransfers (Arbeitslosengeld II, Kindergeld, BAföG) an Preisentwicklungen des entsprechenden Konsumkorbes sowie (3) die Nutzung der Steuereinnahmen für Investitionen und Bereitstellung öffentlicher Güter, die insbesondere ärmere Haushalte relativ zu ihrem Einkommen betrachtet stärker nutzen (z.B. Bildung, Infrastruktur, Gesundheitsversorgung). Wenn diese Maßnahmen politisch nicht umsetzbar oder mit zu hohen Transaktionskosten verbunden sind, könnten auch sogenannte «Second-Best»-Ansätze zu progressiven Umweltsteuersätzen zum Einsatz kommen. Hierbei würde der Steuersatz mit dem individuellen Verbrauch steigen, also progressiv im Verbrauch sein. Während dieser Ansatz vor allem für Einsparungen beim Stromverbrauch privater Haushalte leicht zu implementieren ist (und auch beispielsweise in Kalifornien angewandt wird), ergeben sich für andere «grüne» Steuern (z.B. auf Benzin oder den in Konsumgütern enthaltenen Kohlenstoff) jedoch erhebliche Umsetzungsprobleme.

Ungleiche Belastungen einer CO_2-Steuer ließen sich auch durch den Ausbau der Infrastruktur (z.B. Transport und Telekommunikation) vor allem in ärmeren Ländern ausgleichen, die dort insbesondere einkommensschwachen Haushalten zugutekäme. Aber wie können Staaten eine CO_2-Steuer einführen, die im Zeitalter der Globalisierung in einem Steuerwettbewerb stehen? Regierungen werden heute nicht mehr nur durch ihre Wähler bewertet, sondern auch durch die internationalen Kapitalmärkte: Hohe Staatsschulden werden abgestraft, hohe Kapitaleinkommenssteuern führen zu Kapitalflucht, die Besteuerung des Faktors Arbeit stößt an politische Grenzen. Daher können nationale Regierungen immer weniger in Infrastruktur investieren und andere öffentliche Güter bereitstellen. Diese Gefahr eines «Race to the Bottom», d.h. eines Abwärtswettlaufs, können Staaten abwehren, indem sie verstärkt CO_2 und Ressourcenrenten besteuern; dies ist auch bei einem globalen Markt für fossile Ressourcen vorteilhaft. Wenn nämlich die Einnahmen aus der CO_2-Besteuerung in Infrastruktur investiert werden, die wiederum die Produktivität der heimischen Wirtschaft fördern, wird der Standort auch im internationalen Wettbewerb besser bestehen können. Selbst eine moderate CO_2-Steuer würde Investitionen ermöglichen, die vor allem für die Bekämpfung der Armut von entscheidender Bedeutung sind. Dies betrifft unter anderem den universellen Zugang zu sauberer Elektrizität, Wasserversorgung, sanitären Einrichtungen, Bildung sowie den Zugang zu Mobilfunknetzen und Transportdienstleistungen. Würde zum Beispiel die indische Regierung die Tonne CO_2 mit zehn US$ belasten, könnte sie aus den Einnahmen jedes Jahr mehr als 60 Millionen Menschen zusätzlich Zugang zu Elektrizität, sauberem Wasser, Sanitäreinrichtungen und Telekommunikation verschaffen. Darüber hinaus könnten die Einnahmen auch für Steuersenkungen und den Abbau der Staatsverschuldung herangezogen werden. Ein Teil dieser Einnahmen könnte dazu verwendet werden, in das Ausbildungs- und Gesundheitssystem zu investieren. Bereits ein relativ moderater globaler Emissionspreis von 20 US$ pro Tonne CO_2-Äquivalent würde global fast 1000 Milliarden US$ an Steuereinnahmen mit sich bringen. Aus diesem Grund sollte für Finanzminister eine CO_2-Steuer selbst dann interessant sein, wenn der Klimaschutz für sie keine Priorität hat.

5. Die Rolle der Wissenschaft in der Klimapolitik

Die Klimawissenschaft hat die klimapolitische Agenda der letzten beiden Dekaden entscheidend mitbestimmt. Das spannungsgeladene Verhältnis von Wissenschaft und Klimapolitik lässt sich in Anlehnung an die Wissenschaftshistoriker Naomi Oreskes und Erik M. Conway durch einen fiktiven Rückblick aus der Zukunft illustrieren: Die globale Mitteltemperatur ist um 5 °C gestiegen, das Eis in den Polarregionen abgeschmolzen,

Dürren in Afrika machen das Leben dort zur Hölle, Australien und weite Teile Südamerikas sind unbewohnbar. Die Menschen fliehen vor den unwirtlichen Bedingungen und kämpfen in den Nordregionen des Planeten um Land und Wohnraum, der Rest der Welt ist eine lebensfeindliche Wüste. In diesem Rückblick beschreibt ein chinesischer Geschichtsschreiber im Jahr 2393 das Ende der Welt. Die westlichen Demokratien haben versagt, weil sie nicht die Kraft zum Kampf gegen den Klimawandel gefunden haben. Oreskes und Conway wollen mit dieser Apokalypse verdeutlichen, wie die Wissenschaft und der sozialphilosophische Marktfundamentalismus die Welt in einen Halbschatten führten: Die Menschen des «Penumbrischen» (Penumbra, lat. Halbschatten) Zeitalters wussten wie kaum eine Generation vor ihnen um die Gründe ihres Untergangs, konnten ihn aber nicht aufhalten.

Mit dem Abstand von vier Jahrhunderten stellt sich der fiktive Geschichtsschreiber daher die Frage, wie es dazu kommen konnte, dass gerade ein Zeitalter, welches seine Fähigkeit zur Prognose immer mehr verfeinert hat, keine Kraft zum Handeln fand. Darauf gibt er zwei Antworten: Die in der Wissenschaft gebräuchliche Verteilung der Beweislast habe gefordert, dass mit einer Wahrscheinlichkeit von mehr als 95 % nachgewiesen werden musste, dass die Verbrennung von Kohle, Öl und Gas zu einem Anstieg der globalen Mitteltemperatur führe. Diese normativ geforderte Eliminierung des Zweifels, bevor überhaupt gehandelt werden kann, schreibt er dem wissenschaftlichen Positivismus zu – einer wissenschaftstheoretischen Position, die lediglich empirische Beobachtungen für wahrheitsfähig hielt, aber nicht Aussagen über mögliche Zukunftsentwicklungen. Damit konnte der notwendige Eingriff in die freien Märkte verhindert werden. Der Marktfundamentalismus – das sozialphilosophische Pedant zum Positivismus – verhindert den Eingriff in die Märkte, der als Angriff auf individuelle Freiheitsrechte verstanden wird: Wer heute das Rauchen verbiete oder besteuere, so das Argument, greife morgen auch in die Grundrechte ein. Der Kampf gegen den Klimawandel, so die Befürchtung, könnte das Ende der individuellen Freiheit bedeuten. Der

Widerstand gegen eine ambitionierte Klimapolitik ist sicher nicht primär durch philosophische Positionen bestimmt, sondern vor allem durch wirtschaftliche Interessen. Die potentiellen Verlierer einer Klimapolitik werden sich gegen die Entwertung ihres Vermögens zur Wehr setzen. Aber im öffentlichen Diskurs können sie in Demokratien nur erfolgreich sein, wenn sie sich der Mittel der Wissenschaft bedienen: mit den Mitteln der Statistik Zweifel an der Sicherheit wissenschaftlicher Aussagen streuen, die Regulierung von Märkten als Bedrohung der Freiheit darstellen. Partikularinteressen lassen sich mit dem Appell an allgemein geteilte Werte besonders erfolgreich durchsetzen.

Wie wir aber bereits im ersten Kapitel gezeigt haben, ist diese Umkehr der Beweislast bei potentiell katastrophalen und irreversiblen Schäden irrational, weil sie eine rechtzeitige Gefahrenabwehr verhindert. Eine ambitionierte Klimapolitik ist gerade wegen der Unsicherheiten der künftigen Schäden rational. Die Regulierung der Märkte durch Steuern ist nicht das Ende individueller Freiheit, sondern ermöglicht, dass auch künftige Generationen ihre Freiheitsrechte wahrnehmen können.

Im politischen Wettstreit der Meinungen, so die fiktive historische Analyse, haben die Zweifler gewonnen; jene, die noch höhere Wahrscheinlichkeiten verlangten, als es doch längst Gründe für das Handeln gab. Diejenigen, die trotz aller Unsicherheit entschlossenes Handeln verlangten, waren die historischen Verlierer. Der fiktive Historiker lebt in der Zweiten Chinesischen Volksrepublik: Auch China war nicht in der Lage, die Welt von einer ambitionierten Klimapolitik zu überzeugen. Keine CO_2-Steuer, kein Ausstieg aus der Kohle – keine Transformation. Aber als die westlichen Demokratien angesichts des ungebremsten Klimawandels keine politischen Optionen mehr hatten, die mit ihren demokratischen Idealen vereinbar gewesen wären, hatte China immerhin die Möglichkeit, drastische Anpassungsmaßnahmen umzusetzen und seine Städte von der Küste in das Binnenland zu verlagern.

Der chinesische Geschichtsschreiber berichtet in seiner Recherche von einem fernen Widerhall jener Debatte, die die

Menschen des Penumbrischen Zeitalters führten: Freiheit oder Autokratie mit ökologischem Anstrich. In der Zweiten Volksrepublik sind die Würfel gefallen: Ein autoritärer Staat, regulierte Märkte und eine post-positivistische Wissenschaft, die ihre Unabhängigkeit verloren hat, scheinen ein Garant für das Überleben zu sein. Das Ende des Penumbrischen Zeitalters – Freiheit oder Überleben?

Diese Debatte ist in den Sozialwissenschaften nicht neu. Bereits Max Weber hatte in den 1920er Jahren die Moderne als das stahlharte Gehäuse der Hörigkeit bezeichnet, aus dem es kein Entrinnen gibt: Wenn auch aus anderen Gründen als der fiktive Historiker des Penumbrischen Zeitalters, sah er die Wissenschaft und die Herrschaft der Experten als Gefahr für die Freiheit in der Moderne. Der Sachzwang, von Experten erdacht, formuliert und präjudiziert, liquidiere, so das Argument von Weber, demokratische Entscheidungen und damit die Freiheit. Denn zum Sachzwang gibt es keine Alternativen und wo Alternativen fehlen, werden demokratische Entscheidungen belanglos.

Aber woher kommt diese Angst und die Vermutung, Demokratien seien nicht in der Lage, die großen Herausforderungen zu meistern? Warum wird, entgegen aller bisherigen historischen Erfahrung, den Diktaturen oder Autokratien überhaupt zugetraut, sie seien besser geeignet, die Existenzfragen von Gesellschaften zu meistern? Offenbar, weil viele befürchten, Demokratien seien nicht in der Lage, jene Maßnahmen durchzusetzen, die zur Abwehr großer Gefahren notwendig sind, weil im demokratischen Wettbewerb die kommenden Generationen keine Stimme haben. Am Ende, so die Annahme, könnten nur noch vermeintliche Sachzwänge exekutiert werden – die Möglichkeit scheint verspielt, aus dem stahlharten Gehäuse der Hörigkeit auszubrechen.

Es ist bezeichnend, dass sowohl die Befürworter einer ambitionierten Klimapolitik als auch deren Gegner eine negative Utopie gemeinsam haben: Die Befürworter einer ambitionierten Klimapolitik sind der Überzeugung, dass wir gerade darum die Freiheit verlieren, weil wir heute nicht handeln; am Ende können wir nur noch auf Katastrophen reagieren. Die Gegner der Klimapolitik befürchten, dass im Namen der Klimapolitik in das Leben von Menschen in illegitimer Weise eingegriffen wird. Den Gegnern der Klimapolitik erscheinen die Kosten des Klimaschutzes auch gegenüber der potentiellen Katastrophe zu hoch, weil für sie die Klimapolitik unweigerlich zum Verlust der Freiheit führt.

In beiden Dystopien spielt die Wissenschaft eine entscheidende Rolle. Sie liefert die argumentativen Waffen für diese Auseinandersetzung. Im folgenden Abschnitt geht es uns darum, eine sachgerechte Arbeitsteilung von Politik und Wissenschaft zu skizzieren. Denn gerade an dieser Arbeitsteilung wird sich entscheiden, ob Demokratien die Kraft zum Handeln finden oder am Ende an sich selber scheitern werden.

Hierbei ist die Frage entscheidend, welche Rolle Experten spielen sollten. In einem ersten Teil werden wir das Mandat und die Struktur des Weltklimarates darstellen und im zweiten Teil verschiedene Modelle der wissenschaftlichen Politikberatung untersuchen. Im dritten Teil skizzieren wir die zentralen künftigen Herausforderungen der wissenschaftlichen Klimapolitikberatung.

Der Weltklimarat (IPCC)

Es gibt wohl kaum einen Bereich der Politik, der so sehr von der Wissenschaft getragen wird, wie die Klimapolitik. Die internationale Klimapolitik hat sich hierfür eine ungewöhnliche institutionelle Struktur geschaffen: den UNFCCC-Prozess und den IPCC. Die Klimarahmenkonvention (UNFCCC) bildet den institutionellen Rahmen der Klimaverhandlungen. Das Sekretariat der UNFCCC hat die Aufgabe, die Klimakonferenzen, die jährliche Conference of the Parties (COP), vorzubereiten. In diesen Verhandlungen verwenden die Diplomaten die wissenschaftlichen Erkenntnisse, die durch den Weltklimarat, den Intergovernmental Panel on Climate Change (IPCC), zur Verfügung gestellt werden. Es ist keine Übertreibung zu behaupten, dass es ohne den IPCC wohl keine geteilte Problemwahrnehmung bezüglich der Ziele und Mittel der internationalen Klimapolitik gäbe.

Der Weltklimarat IPCC ist die führende internationale Institution, die umfassend, objektiv und transparent Informationen zusammentragen soll, damit Entscheidungsträger Klimafolgen sowie Vermeidungs- und Anpassungsoptionen bewerten können. Denn es bedarf der Wissenschaft, um sich die Ursachen des Klimawandels bewusst zu machen und über seine Folgen Rechenschaft abzulegen; aber auch die Möglichkeiten seiner Begrenzung können nicht ohne wissenschaftliche Expertise exploriert werden. Die Darstellung des vorhandenen Wissens in sogenannten Sachstandsberichten soll politikrelevant sein, ohne dabei alternativlose politische Empfehlungen abzugeben. Auch führt der IPCC keine eigene Forschung durch, sondern wertet die vorhandene wissenschaftliche Literatur aus. Der Weltklimarat funktioniert nicht wie eine Nationalakademie der Wissenschaft, beispielsweise die National Academy of Science in den USA, die Leopoldina oder die Acatech in Deutschland. Auch Nationalakademien haben die Aufgabe, die Politik in wichtigen Fragen zu beraten. Aber im Gegensatz zu einer Nationalakademie ist der IPCC nicht einer nationalen Regierung verantwortlich, sondern allen 196 Regierungen, die die Klimarahmenkonvention unterzeichnet haben. Die Sachstandsberichte des IPCC bedürfen einer formellen Zustimmung durch die Regierungen. Der Zusammenfassung für Entscheidungsträger (Summary for Policy Makers) müssen alle Regierungen einhellig zustimmen.

So ist es keine Überraschung, dass gerade der IPCC heftige öffentliche Kritik erfahren hat. Für viele Beobachter und Journalisten ist er der Inbegriff eines technokratischen Politikmodells, in dem Experten über die Zukunft von Gesellschaften entscheiden und Eingriffe in das Leben von Menschen legitimieren, jedoch ohne demokratischen Auftrag. Ja, mehr noch: Wissenschaftler und Experten scheinen gegenüber Laien eine überlegene Kompetenz zu beanspruchen, wenn es um die Frage geht, wie wir in Zukunft leben wollen. Es ist aber nicht ersichtlich, warum Experten bei der Beantwortung existentieller

Lebens- und Überlebensfragen überlegene Expertise beanspruchen können. Unbestritten hingegen ist, dass sich Wissenschaftler als Bürger öffentlich zu Wort melden dürfen und auch politische Entscheidungen unterstützen, ja sogar beeinflussen können.

Die Entstehungsgeschichte und das Mandat des IPCC

Bereits in den 1970er Jahren erhielt das Thema Klimawandel erste wissenschaftliche und mediale Aufmerksamkeit. Die erste wissenschaftliche Konferenz wurde 1979 im österreichischen Villach abgehalten, der erste internationale Bericht dazu wurde 1980 dank der Unterstützung des Umweltprogramms der Vereinten Nationen (UNEP) und der World Meteorological Organisation (WMO) veröffentlicht. 1985 schlug der damalige UNEP-Direktor Mostafa Tolba eine Rahmenkonvention vor, die sich mit der Vermeidung gefährlichen Klimawandels beschäftigen sollte. Die USA widersetzten sich damals diesem Vorschlag und beharrten darauf, dass es noch weiterer wissenschaftlicher Forschung bedürfe. 1988 wurde der IPCC gegründet. Auch wenn sich am ersten Treffen im November 1988 nur 28 Länder beteiligten, war der IPCC mit seinen drei Arbeitsgruppen unter dem Vorsitz von Bert Bolin arbeitsfähig. Bert Bolin war nicht nur ein überzeugender Wissenschaftler, sondern verstand die Entscheidungsprobleme der Politiker. Er wurde für die künftigen Vorsitzenden und die Co-Vorsitzenden der Arbeitsgruppen stilbildend und Vorbild zugleich: Stilbildend, weil die unter ihm entstandenen Berichte für den UNFCC-Prozess die maßgebliche Quelle für die Verhandlungen wurden; Vorbild, weil er die Unabhängigkeit der Wissenschaft gegenüber der Einflussnahme der Politik zu wahren verstand. Während des ersten Treffens wurde vereinbart, dass ein «Assessment Report» verfasst werden sollte. Die Generalversammlung der Vereinten Nationen formuliert in ihrer Resolution das Mandat des IPCC, der den wissenschaftlichen Sachstand zu den Ursachen des Klimawandels ebenso zusammentragen soll wie die Möglichkeiten seiner Begrenzung. Dabei soll er die Klimarahmenkonvention unterstützen, deren Aufgabe es ist, ein international verbindliches Klimaabkommen vorzubereiten, das dann in Paris 2015 nach fast 30 Jahren auch beschlossen wurde.

Dieses Mandat der UN hat den IPCC für die bisher fünf Sachstandsberichte geprägt. Die Berichte haben die Agenda der internationalen Klimapolitik maßgeblich beeinflusst und dem IPCC 2007 den Friedensnobelpreis eingetragen. Zwar hat das Nobelpreiskomitee den Preis an den IPCC verliehen, weil dieser die Weltöffentlichkeit auf das Klimaproblem aufmerksam gemacht hat. Darüber hinaus hat er jedoch vor allem dazu beigetragen, das Entscheidungsproblem für die politischen Entscheidungsträger zu formulieren.

Die Struktur des IPCC

Der IPCC, getragen von seinen beiden «Mutterorganisationen» WMO und UNEP, besteht aus einem Panel, einem Büro, drei Arbeitsgruppen und einer sogenannten «Task Force». Die Arbeitsgruppe I evaluiert die physikalischen Aspekte des Klimawandels. Die Arbeitsgruppe II analysiert dessen Auswirkungen und die Möglichkeit der Anpassung an den Klimawandel. Die Arbeitsgruppe III exploriert die Optionen, Emissionen zu reduzieren. Diese Optionen sollen mit ihren Kosten und Risiken bewertet werden. Die Task Force on National Greenhouse Gas Inventories hat die Aufgabe, Standards für die Ermittlung der nationalen Treibhausgasemissionen festzulegen. Am Fünften Sachstandsbericht waren mehr als 800 Autoren beteiligt. Alle Ämter im IPCC sind ehrenamtlich; getragen wird der IPCC von den Wissenschaftlern, die als Autoren die Berichte verfassen.

Die Reform des IPCC

Nachdem der Klimagipfel 2009 in Kopenhagen nicht den erhofften Erfolg eines globalen Klimaschutzabkommens gebracht hatte, geriet der IPCC ins Kreuzfeuer der Kritik. So wurde in der Arbeitsgruppe II das vollständige Abschmelzen der Himalaya-Gletscher bis zum Jahr 2035 genannt, was sich als Fehler herausstellte. Statt auf öffentliche Nachfragen hin den Fehler anzuerkennen und über das formelle Fehlerprotokoll zu korrigieren, verunglimpfte der damalige Vorsitzende des IPCC die

Kritiker. Innerhalb weniger Wochen schien das Vertrauen in die Glaubwürdigkeit des IPCC zu schwinden. Dass die sogenannten Klimaskeptiker diese Kommunikationspanne ausschlachteten und den Fehler ins Absurde aufbauschten, steht auf einem anderen Blatt. Ohnehin waren Teile der Führung des IPCC der Auffassung, der IPCC bedürfe einer Reform. Zu diesem Zweck wurde der InterAcademy Council (IAC), der internationale Dachverband der Wissenschaftsakademien, beauftragt, die Verfahren zu überprüfen und Vorschläge für eine Reform des IPCC zu erarbeiten. Im August 2010 veröffentlichte der IAC seinen ersten Bericht. Wer sich einen Verriss des IPCC erhofft hatte, wurde enttäuscht: Der IAC bescheinigte dem IPCC eine erfolgreiche Arbeit. Der IPCC kläre die Öffentlichkeit sachgerecht auf, treibe die Wissenschaft voran und helfe Regierungen bei der Priorisierung ihrer Forschungsagenda. Der IAC bewertete den IPCC als eine bedeutende soziale Innovation, gerade weil er keine Organisation sei, sondern ein Netzwerk von Wissenschaftlern. Der IAC mahnte jedoch deutlichen Verbesserungsbedarf an: in der Leitung, im Management, im Begutachtungsprozess, in der Kommunikation von wissenschaftlichen Unsicherheiten, in der Öffentlichkeitsarbeit und in der Sicherstellung der Transparenz bei der Erstellung der Sachstandsberichte. Im Mai 2011 wurden die Reformvorschläge beschlossen: eine gestärkte Rolle der Gutachter der Sachstandsberichte; Vereinheitlichung der Darstellung der Unsicherheit über alle Arbeitsgruppen hinweg; Gründung einer Task Force, die die Umsetzung der Reformvorschläge ebenso überprüfen soll wie die Begutachtung der Sachstandsberichte, die Kommunikationsstrategie und die Anwendung transparenter Auswahlkriterien für Autoren.

Der IPCC und die Modelle der
wissenschaftlichen Politikberatung

Die Statuten des IPCC sagen noch wenig darüber aus, wie dieses Mandat ausgefüllt wird. Die Reformvorschläge des IAC haben zu vermehrter Transparenz und einem expliziten Umgang mit Unsicherheiten geführt. Der institutionelle Rahmen des IPCC erlaubt drei Modelle des Verhältnisses von Wissenschaft und Politik, die hier kurz dargestellt werden sollen. Wir werden zeigen, dass die ersten beiden Modelle für den IPCC kaum zukunftsträchtig sind, während das dritte Modell attraktiv für künftige Sachstandsberichte sein könnte.

Das dezisionistische Modell

Die Gründer des IPCC suchten eine sinnvolle Arbeitsteilung zwischen Wissenschaft und Politik. Daher wollten sie, dass sich der IPCC politischer Empfehlungen enthält. Seine Aussagen sollten «policy relevant but not policy prescriptive» sein. Dieser Vorschlag liegt auf der Linie von Max Weber, der forderte, dass der Politik die Aufgabe zukomme, die Ziele festzulegen, während die Wissenschaft die dafür notwendigen Mittel explorieren solle. Als dezisionistisch wird diese Arbeitsteilung zwischen Politik und Wissenschaft darum bezeichnet, weil die Festlegung politischer Ziele ohne den Anspruch einer objektiven Begründung erfolgt und die Wissenschaft lediglich zweckrational sein soll. Mit dieser Festlegung versuchte Weber sicherzustellen, dass sich Wissenschaftler nicht mit ihrer Autorität als Wissenschaftler an dieser Zielfindung beteiligen, sondern bestenfalls als Bürger, die dann aber gegenüber anderen Bürgern ebenso als Laien auftreten und für ihre Argumente keine höhere Autorität beanspruchen können. Weber wollte eine Gewaltenteilung zwischen Politik und Wissenschaft. Das Recht, ein Ziel für die Klimapolitik festzulegen, käme hier lediglich der internationalen Staatengemeinschaft zu. Sie hat hierzu die Legitimation, denn die Nationalstaaten sind legitime Subjekte des Völkerrechts. Der IPCC hätte nach dem dezisionistischen Modell die Aufgabe, herauszufinden, mit welchen Mitteln ein gegebenes Ziel am besten zu erreichen ist. Diese Ergebnisse werden in den Sachstandsberichten dargestellt und von der Plenarsitzung genehmigt, sofern sie in die Zusammenfassung für Entscheidungsträger aufgenommen werden.

Auch wenn dieses Modell auf den ersten Blick eine sinnvolle Arbeitsteilung zwischen IPCC und den Regierungen verspricht, so lässt diese sich nicht durchhalten. Das dezisionistische Modell geht nämlich davon aus, dass sich Ziele und Mittel unabhängig voneinander bestimmen lassen. Dies wäre jedoch nur dann der Fall, wenn die von der Wissenschaft vorgeschlagenen Mittel zur Zielerreichung keine Nebenwirkungen, keine Risiken und auch keine «Co-Benefits» (d. h. Synergien mit anderen Zielen) hätten. Gerade diese Nebenwirkungen aber werfen die Frage auf, ob die vorgegebenen Ziele überhaupt sinnvoll und akzeptabel sind. Sollte sich etwa herausstellen, dass durch die gewählten Mittel der Klimapolitik andere Nachhaltigkeitsziele untergraben werden, dann ist die Debatte unvermeidbar, ob nicht das Ziel verändert oder neue Mittel gefunden werden müssen, um die unerwünschten Nebenwirkungen zu vermeiden. Eine solche Debatte ist, wie auf Seite 50 ff. diskutiert wurde, beispielsweise für die Nutzung von Biomasse zur Erreichung ambitionierter Stabilisierungsziele relevant.

Das technokratische Modell

Ziele und Mittel werden in zunehmend komplexen Gesellschaften immer häufiger von Experten bestimmt. Auch im IPCC hat es hierzu heftige Debatten gegeben. So war der Einsatz von Kosten-Nutzen-Analysen zwischen Wirtschafts- und Naturwissenschaftlern umstritten. Während Erstere eine ökonomische Bewertung verschiedener Politikpfade forderten, argumentierten Letztere, dass dies eine verkürzte Analyse sei, die entscheidende normative Entscheidungen, wie etwa den Wert menschlichen Lebens, ausblende. In den Anfängen des IPCC kamen Kosten-Nutzen-Analysen zu dem Ergebnis, dass sich drastische Emissionsreduktionen ökonomisch nicht rechtfertigen lassen. In der Zwischenzeit ist das Ergebnis vieler dieser Analysen durchaus gegenteilig. Für die Argumentation in diesem Kapitel ist jedoch nicht das Ergebnis entscheidend, sondern die Tatsache, dass die Wissenschaft nicht nur die Mittel ausfindig macht, sondern zugleich auch über die klimapolitischen Ziele befindet. Das technokratische Modell suggeriert nämlich, dass es zu den *optimalen* Vorschlägen der Wissenschaft hinsichtlich politischer Ziele und der eingesetzten Mittel keine ernsthafte Alternative gibt. Dabei würde aber bereits eine Sensitivitätsanalyse von Kosten-Nutzen-Analysen zeigen, dass die Ergebnisse keineswegs so eindeutig sind. So könnte man die Gewichtung des Wohlergehens künftiger Generationen verändern, oder auch die Annahmen über die künftigen Kosten von Vermeidungstechnologien, beispielsweise der erneuerbaren Energien, und dabei zu sehr unterschiedlichen Ergebnissen bezüglich des optimalen Temperaturziels gelangen. Damit ist die vermeintliche Eindeutigkeit der Kosten-Nutzen-Analyse demontiert. Die Ergebnisse hängen von den politischen Präferenzen ab, der Weltsicht und den Unsicherheiten. Genau darum steht in modernen pluralistischen Gesellschaften das technokratische Politikberatungsmodell in der Kritik. Die Präferenzen, die Weltsichten und die Wahrnehmung der Unsicherheit sind in hohem Maße heterogen: Menschen wollen sich in Fragen ihres Lebensstils nicht vermeintlich sachlogischen Zwängen ausliefern.

Das pragmatisch-aufgeklärte Modell: Kartographie alternativer Politikpfade

An der Bestimmung einer sinnvollen Arbeitsteilung zwischen Wissenschaft und Politik versucht sich das «pragmatisch-aufgeklärte Modell». Gerade weil Ziele und Mittel nur in einem iterativen Prozess gefunden werden können, versucht dieses Modell, Politik, Gesellschaft und Wissenschaft miteinander in einen systematischen Dialog zu bringen. Es geht nicht mehr davon aus, dass es zwischen Wissenschaft und Politik lediglich eine Einbahnstraße gibt, sondern versucht der faktischen Mehrweg-Kommunikation zwischen diesen beiden Bereichen Rechnung zu tragen. Dieses Modell akzeptiert, dass es keine vollständige Trennung von Fakten und Werten geben kann. Menschen setzen Mittel ein, um Ziele zu erreichen und damit praktische

Wirkungen zu erzielen. Diese Wirkungen oder Handlungsfolgen können den Handlungsabsichten gemäß bewertet werden. Wenn Mittel die Handlungsabsichten untergraben, dann gibt es zwei Möglichkeiten: Entweder müssen die Ziele revidiert oder andere Mittel gefunden werden, um diese Ziele zu erreichen. Wenn eine extensive Biomassenutzung die Biodiversität potentiell zerstört oder die Nahrungsmittelsicherheit vermindert, muss entweder das 2°C-Ziel revidiert werden, oder es müssen durch entsprechendes Landnutzungsmanagement diese Risiken vermindert werden. Dabei wird man vor allem auf jene Mittel zurückgreifen, deren Risiken handhabbar sind und die zu keinen irreversiblen Schäden führen. Dieses Kriterium der Revidierbarkeit von Mitteln ist für die Klimapolitik von grundlegender Bedeutung; denn soziale Lernprozesse sind nur dann sinnvoll, wenn die Fehler grundsätzlich revidiert werden können.

In diesem Lernprozess kann der Streit über Ziele und Mittel in einen Streit über wissenschaftliche Hypothesen transformiert werden. Eine Hypothese, gleich welcher Art, lässt sich diesem Modell zufolge dann als «objektiv» bezeichnen, wenn sie in verschiedenen, ähnlichen Situationen immer wieder zu den gewünschten praktischen Konsequenzen führt. Allerdings ist es unmöglich, zu «absolut objektiven» Wahrheiten zu kommen. Der IPCC hat im Fünften Sachstandsbericht hierzu häufig die Metapher vom Kartographen verwendet, der die Aufgabe hat, in einem unbekannten Gelände für die Entscheidungsträger gangbare Pfade zu explorieren. Aufgabe der Entscheidungsträger ist es dann, die Mehrheiten für einen dieser Pfade zu gewinnen. Ausgehend von einem Startpunkt legt die Wissenschaft in Zusammenarbeit mit gesellschaftlichen Gruppen und vor allem mit der Politik jene Ziele fest, deren Wirkungen exploriert werden sollen. Haben die Sachstandsberichte dieses Ziel erreicht? Die Antwort ist ein bedingtes Ja. Das Wissenschaftssystem ist bislang noch unzureichend gerüstet, jene wissenschaftlichen Erkenntnisse bereitzustellen, die eine Kartographierung des Geländes zulassen. Es fehlt vor allem an interdisziplinären Projekten und Publikationen, die diese notwendige Vorarbeit für die Kartographierung ermöglichen.

Die künftigen Herausforderungen für den IPCC

Die Sachstandsberichte des IPCC sind gegenwärtig das aufwändigste und komplexeste Verfahren der wissenschaftlichen Politikberatung. In der Zukunft stehen sie vor gewaltigen Herausforderungen. Diese Diskussion zeigt, welche Aufgabe die Wissenschaft gegenüber der Klimapolitik erfüllen kann:

– Die Wissenschaft kann über die Risiken eines ungebremsten Klimawandels aufklären.
– Sie kann darstellen, welche Kosten und Nutzen mit der Klimapolitik verbunden sind.
– Sie kann darüber informieren, welche Emissionen wie schnell reduziert werden müssen, wenn das Wohlergehen künftiger Generationen unterschiedlich gewichtet wird.
– Sie kann zeigen, welche Gründe plausibel sind: Wir haben bereits argumentiert, dass die Folgen eines ungebremsten Klimawandels so schwerwiegend sind, dass sich eine ambitionierte Klimapolitik rechtfertigen lässt, auch dann, wenn die Wahrscheinlichkeiten für einen ungebremsten Klimawandel noch nicht bekannt oder als gering einzuschätzen sind.

Exploration des gesamten Lösungsraumes

Die klimapolitische Wette, die wir im ersten Kapitel kurz dargestellt haben, zeigt, wie man objektives Wissen für Entscheidungen nutzen kann. Der Sechste Sachstandsbericht, der voraussichtlich 2022 veröffentlicht sein wird, muss verstärkt den gesamten Lösungsraum der Klimapolitik und die Folgen des Klimawandels ausleuchten. Dabei wird es vor allem um das Risikomanagement gehen. Die systematische Kartographie alternativer Politikpfade wird damit zum neuen Maßstab der wissenschaftlichen Politikberatung. Diese Pfade wird der Weltklimarat ausbuchstabieren müssen, ohne dabei den Politikern vorzuschreiben, welchen dieser Pfade sie gehen sollten. Gerade so kann der Weltklimarat für Entscheidungsträger relevant bleiben, ohne von nationalen Interessen instrumentalisiert zu werden. Dies wird umso wichtiger, da das Abkommen von Paris sich auf eine ambitionierte Klimapolitik festgelegt hat. Es kommt jetzt darauf an, geeignete politische Instrumente zu entwickeln.

Ex-Post-Evaluierung internationaler, nationaler und subnationaler Klimapolitik

Vor allem die Arbeitsgruppe III des IPCC musste in ihrem jüngsten Sachstandsbericht nicht nur alle relevanten künftigen Optionen ausloten, sondern war auch zuständig für die Evaluierung der Erfolge und Misserfolge der internationalen, nationalen und subnationalen Politiken (Ex-Post-Analyse). Die Evaluierung politischer Maßnahmen ist keineswegs «wertfrei», denn auch hier hängt das Urteil von den verwendeten Kriterien ab. Zum ersten Mal in seiner Geschichte hat die Arbeitsgruppe III des IPCC Philosophen an der Erstellung der Sachstandsberichte beteiligt, die verschiedene normative Bewertungskriterien von Klimapolitik diskutierten. Mit der Pluralität der Kriterien, mit denen Handlungsfolgen bewertet werden, steht und fällt die Legitimität dieser Assessments. Statt werturteilsfreie Wissenschaft zu suggerieren, die ohnehin nicht erreicht werden kann, sollten die ethischen Aspekte offen – und idealerweise wiederum in Form von Alternativen und deren Implikationen – diskutiert werden. Es kann den IPCC-Autoren und der Staatengemeinschaft daher kaum hoch genug angerechnet werden, dass sie sich im Fünften Sachstandsbericht genau dieser Herausforderung mit Erfolg stellten. Zudem zeigte die Erfahrung mit dem jüngsten IPCC-Bericht, dass Regierungen manchmal starke Widerstände gegen eine wissenschaftliche Evaluierung von Vor- und Nachteilen bestimmter Politikinstrumente oder Entwicklungen in der Vergangenheit haben. Aber ohne kritische Ex-Post-Analysen vergangener Politikentscheidungen kann es keinen ernsthaften Lernprozess geben, der künftig vor Irrwegen bewahrt.

Stärkere Fokussierung auf Nachhaltigkeit, Ungleichheit und Armut

Politisch höchst umstritten ist vor allem die Darstellung und Bewertung der verteilungspolitischen Implikationen des Klimawandels und der Klimapolitik. Der Klimawandel trifft die verschiedenen Weltregionen ungleich: Regionen wie Südasien oder Afrika werden darunter vermutlich stärker zu leiden haben als Europa. Aber auch die Kosten des Klimaschutzes sind aller Wahrscheinlichkeit nach höchst ungleich verteilt. Dies legt die Vermutung nahe, dass diese Ungleichheit die Bereitschaft zur Kooperation beim Klimaschutz erheblich beeinträchtigen wird. In der Zukunft braucht man genauere und bessere Informationen darüber, wie sich die Lasten verteilen und wie durch die Ausgestaltung von Transferzahlungen Abhilfe geschaffen werden kann.

Die Klimapolitik hat aber nicht nur unterschiedliche Wirkungen auf Länder, sondern auch auf die Einkommens- und Vermögensverteilung innerhalb der Länder. Die personelle Einkommens- und Vermögensverteilung steht seit einiger Zeit wieder stärker im Zentrum der ökonomischen Betrachtung – insbesondere durch die Arbeiten von Thomas Piketty, der gezeigt hat, dass ein großer Teil des weltweiten Vermögens in der Hand von einigen wenigen Prozent der Weltbevölkerung ist. Piketty hat jedoch bei seiner Betrachtung wichtige Komponenten der Vermögensverteilung nicht erfasst, etwa die Verteilung von Land als auch die der fossilen und erneuerbaren Ressourcen. Diese Aspekte sind aber von grundlegender Bedeutung, weil die Vernichtung des Naturkapitals, etwa der Fischbestände, die zunehmende Unfruchtbarkeit von Böden oder die Verschmutzung der Wasserressourcen vor allem die Armen trifft. Aus diesem Grund besteht eine zentrale Aufgabe der Wissenschaft darin, Klimapolitik nicht ausschließlich als Umweltpolitik zu begreifen, sondern die Folgen der Klimapolitik für die gesamte Verteilung des Natur-, Human- und Kapitalvermögens zu erfassen. Um weiterhin relevant für die Entscheidungsträger zu bleiben, wird der IPCC in seinem nächsten Sachstandsbericht diese Daten auf nationaler Ebene bereitstellen müssen, ebenso wie die Kosten, Nutzen und Risiken politischer Maßnahmen.

Nochmals ein Rückblick aus der Zukunft

Die Kartographie alternativer Pfade könnte die Befürchtung nähren, die Wissenschaft werde zahnlos, weil sie keine ausschließlichen Empfehlungen abgibt, sondern sich im Dickicht ihrer Wenn-dann-Aussagen verliert. Mit dieser zahnlosen Wissenschaft hätten die Regierungen ein leichtes Spiel, wenn es darum geht, missliebige Erkenntnisse zu neutralisieren oder gar zu eliminieren. Aber so einfach ist das auch für mächtige Regierungen nicht. Denn wissenschaftliche Erkenntnisse kann man nicht mit einem bloßen Machtwort manipulieren. Regierungen können in der Debatte mit der Wissenschaft nicht mehr ausschließlich auf Macht und Interesse rekurrieren, sondern müssen sich auf Wahrheit, Objektivität, Fakten und Werte beziehen. Als Regierungen Teile des letzten IPCC-Sachstandsberichts ignorieren oder streichen wollten, wurde für die Öffentlichkeit deutlich, welche Einsichten den Regierungen nicht ins Konzept passten; dies vergrößerte das Interesse der Öffentlichkeit gerade an diesen Erkenntnissen und führte zu einer breiten Diskussion. Auch in Zukunft wird mit allen Mitteln der politischen Kunst über die Implikationen der wissenschaftlichen Erkenntnisse gefeilscht werden, was Wissenschaftler oft an ihre physischen und psychischen Grenzen bringt. Aber dem Zwang des besseren Arguments werden sich Regierungen auf Dauer nicht entziehen können. Gerade dafür liefert die Klimapolitik herausragende Beispiele – selbst ölexportierenden Ländern wie Saudi-Arabien oder Unternehmen wie Exxon ist es nicht gelungen, die Tatsache des menschengemachten Klimawandels dauerhaft zu leugnen.

Die vielleicht größte Herausforderung wird die Klimapolitik in Zeiten wachsender Ungleichheiten meistern müssen. Eine effektive und ambitionierte Klimapolitik wird es nur geben können, wenn sich die Weltgemeinschaft zu einer CO_2-Bepreisung durchringen kann. Diese Politik stößt sowohl auf internationaler als auch auf nationaler Ebene auf Widerstände. Wir haben dafür plädiert, dass es auf internationaler Ebene nur dann eine Einigung wenigstens auf einen Mindestpreis geben kann, wenn zugleich ein Lastenausgleich zwischen armen und reichen Ländern stattfindet. Dieser internationale Finanzausgleich soll die Bereitschaft zur Kooperation erhöhen. Auf nationaler Ebene werden Widerstände entstehen, weil Politiker befürchten, dass sie damit die Gruppen mit niedrigem Einkommen besonders benachteiligen. Sowohl eine Reform der Einkommenssteuer als auch Infrastrukturinvestitionen in Trinkwasserversorgung, saubere Energie, in das Gesundheitswesen und Sanitäranlagen vor allem in den Entwicklungsländern können aber den Zielkonflikt zwischen Klimaschutz und Armutsbekämpfung abmildern. Es ist möglich, Klimapolitik so auszugestalten, dass sie die Ungleichheit wenigstens vermindern kann. Die internationale Staatengemeinschaft hat noch nicht ausreichend erkannt, in welchem Umfang durch eine CO_2-Bepreisung die Mittel für die Finanzierung der Sustainable Development Goals (SDGs) verfügbar wären. Ein CO_2-Preis von 50 US$ pro Tonne CO_2-Äquivalent würde Einnahmen in der Größenordnung von 3 % des weltweiten Sozialprodukts mobilisieren. Es wäre naiv zu glauben, dass durch die Klimapolitik alle ungerechten Ungleichheiten beseitigt werden können. Aber mit diesen Mitteln ließen sich gerade jene Freiheitsrechte für die Armen erweitern, die ihnen bislang verwehrt sind. Die gegenwärtige Generation hat zwar nicht das Privileg, auf ihre eigene Zukunft zurückzublicken. Aber sie hat die Verantwortung und den Vorzug, diese zu gestalten. Darauf gründet sich die Hoffnung, dass in Zukunft die Geschichte der Klimapolitik nicht als Scheitern, sondern als ein weiterer Schritt in die richtige Richtung erzählt werden kann.

Donald Trump, der während des Wahlkampfes gegen jedwede Klimapolitik polemisiert hat, wurde am 8. November 2016 zum 45. Präsidenten der Vereinigten Staaten von Amerika gewählt. Trotzdem haben im Umfeld der COP22 in Marrakesch neben der Obama-Administration und China auch zahlreiche andere Staaten ehrgeizige nationale Klimaschutzpläne vorgelegt. Damit sollte eine klare Botschaft um die Welt gehen: Wir machen weiter, auch wenn Donald Trump den internationalen Klimaschutz torpedieren wird.

Bislang zeichnen sich drei klimapolitische Optionen ab, die Präsident Trump hat. Erstens könnte er aus der Klimarahmenkonvention aussteigen, er könnte zweitens das Pariser Abkommen kündigen und drittens durch die Environmental Protection Agency (EPA) den Clean Power Act der Obama-Administration annullieren. Donald Trump hat bislang die Absicht bekundet, den Clean Power Act außer Kraft zu setzen. Die Ernennung von Scott Pruitt zum Chef der EPA gibt wenig Anlass zur Hoffnung. Pruitt hat im Auftrag der fossilen Industrie gegen die EPA Prozesse geführt und weigert sich hartnäckig, die wissenschaftlichen Fakten zum Klimawandel zur Kenntnis zu nehmen. Für Donald Trump bringt der Ausstieg aus der Klimapolitik innenpolitisch Vorteile. Neben der vermeintlichen Rettung bedrohter Arbeitsplätze im Kohleabbau zeigt er damit auch, dass für ihn die Wissenschaft keine Institution ist, der für politische Entscheidungen ein besonderes Vertrauen entgegengebracht werden soll. Donald Trump, der sich gerne als politischer Außenseiter inszeniert, der sich gegen das Herrschaftswissen der Eliten stellt, hat die Beweislast der Klimawette umgedreht. Für ihn würde keine wissenschaftliche Evidenz, egal wie solide, ausreichen, um Klimaschutz zu rechtfertigen. Der Vorwurf, dies sei irrational, weil damit mit der Zukunft gespielt würde, wird ihn kaum treffen: Wahrheit, Rationalität und Legitimation spielen in der Welt der Populisten keine Rolle. Der Populismus ist ja nicht angetreten, um politische Probleme zu lösen, sondern für Probleme Sündenböcke zu finden. Es ist offensichtlich, dass dieses Modell nicht realitätstauglich ist. Die Frage ist nur, wie viel Schaden es anrichtet, bevor auch für die Wähler offensichtlich wird, dass damit die Zukunft nicht gewonnen, sondern verspielt wird.

Weiterführende Literatur

Kapitel 1:

IPCC (2015): Climate Change 2014: Synthesis Report. http://www.ipcc.ch/report/ar5/syr/

Lancet Commission on Health and Climate Change (2015): Health and climate change: policy responses to protect public health. http://www.thelancet.com/commissions/climate-change

Rahmstorf, S., Schellnhuber, H. J. (2007): Der Klimawandel: Diagnose, Prognose, Therapie. 5. Auflage, C.H.Beck

Warszawski, L., Frieler, Huber, V., Piontek, F., Serdeczny, O., Schewe, J. (2014): The Inter-Sectoral Impact Model Intercomparison Project (ISIMIP): Project framework. PNAS, Vol. 111, No., 3228–3232

Kapitel 2:

Burke, M., Solomon, M., Hsiang, E. M. (2015): Climate and Conflict, Annual Review of Economics, Vol. 7: 577–617

Edenhofer, O., Flachsland, C., Hilaire, J., Jakob, M. (2015): Ist unbegrenztes Wachstum in einer begrenzten Welt möglich? Le Monde Diplomatique Atlas der Globalisierung

Global Carbon Project (2016): Global Carbon Budget. http://www.globalcarbonproject.org/carbonbudget/index.htm

IPCC (2014a): Climate Change 2014: Impacts, Adaptation, and Vulnerability IPCC Working Group II Contribution to AR5. http://www.ipcc.ch/report/ar5/wg2/

IPCC (2014b): Climate Change 2014: Mitigation of Climate Change IPCC Working Group III Contribution to AR5. https://www.ipcc.ch/report/ar5/wg3/

Jakob, M., Steckel, J. C., Edenhofer, O. (2014): Consumption- vs. Production-Based Emission Policies. Annual Review of Resource and Environmental Economics 6

Sinn, H. W. (2008): Das grüne Paradoxon. Plädoyer für eine illusionsfreie Klimapolitik. Econ

Sombart, W. (1928): Der moderne Kapitalismus. Historisch-systematische Darstellung des gesamteuropäischen Wirtschaftslebens von seinen Anfängen bis zur Gegenwart, Bd. III: Wirtschaftsleben im Zeitalter des Hochkapitalismus. Erster Halbband, München und Leipzig

UNEP (2016): The Emission Gap Report. http://web.unep.org/emissionsgap/

Kapitel 3:

Edenhofer, O., Flachsland, C., Hilaire, J., Jakob, M. (2015): Ist unbegrenztes Wachstum in einer begrenzten Welt möglich? Le Monde Diplomatique Atlas der Globalisierung

Edenhofer, O. (2015): King Coal and the Queen of Subsidies. Science 349 (6254): 1286–1287

Edenhofer, O., Kadner, S., von Stechow, C., Schwerhoff, G., Luderer, G. (2013): Linking climate change mitigation research to sustainable development, In: Atkinson, G., Dietz, S., Neumayer, E. (eds.): Handbook of Sustainable Development. 2nd Revised Edition, 476–499. Edward Elgar

Edenhofer, O., Seyboth, K., Creutzig, F., Schloemer, S. (2013): On the Sustainability of Renewable Energy Sources. In: The Annual Review of Environment and Resources, doi: 10.1146/annurev-environ-051012–145344

IPCC (2014b): Climate Change 2014: Mitigation of Climate Change IPCC Working Group III Contribution to AR5. https://www.ipcc.ch/report/ar5/wg3/, Kapitel 6

Nordhaus, W. D. (2015): Climate Casino: Risk, Uncertainty, and Economics for a Warming World. Yale University Press

Royal Society (2009): Geoengineering the climate: Science, governance and uncertainty. Online erhältlich unter https://royalsociety.org/policy/publications/2009/geoengineering-climate/

Stern, N. (2006): The Economics of Climate Change. The Stern Review. Cambridge University Press

WBGU (2011): Welt im Wandel. Gesellschaftsvertrag für eine Große Transformation. Online erhältlich unter http://www.wbgu.de/fileadmin/templates/dateien/veroeffentlichungen/hauptgutachten/jg2011/wbgu_jg2011.pdf

Kapitel 4:

Barrett, S. (2007): Why Cooperate?: The Incentive to Supply Global Public Goods. Oxford University Press

BMUB (2016): Klimaschutzplan 2050. http://www.bmub.bund.de/themen/klima-energie/klimaschutz/nationale-klimapolitik/klimaschutzplan-2050/

BMWi (2015): Die Energie der Zukunft. Vierter Monitoring-Bericht zur Energiewende. https://www.bmwi.de/BMWi/Redaktion/PDF/V/vierter-monitoring-bericht-energie-der-zukunft,property=pdf,bereich=bmwi2012,sprache=de,rwb=true.pdf

Cramton, P., MacKay, D. J. C., Ockenfels, A., Stoft, S. (2017): Global Carbon Pricing. The Path to Climate Cooperation. MIT Press

Delbeke, J., Vis, P. (eds.) (2015): EU Climate Policy Explained. Routledge

Edenhofer, O., Flachsland, C., Kornek, U. (2016): Koordinierte CO$_2$-Preise: zur Weiterentwicklung des Pariser Abkommens. In: Sommer, J., Müller, M. (Hrsg): Unter 2 Grad? Was der Weltklimavertrag wirklich bringt. Hirzel

Edenhofer, O., Flachsland, C., Jakob, M., Lessmann, K. (2013): The Atmosphere as a Global Commons – Challenges for International Cooperation and Governance, In: Semmler, W., Bernard, L. (eds.): The Handbook on the Macroeconomics of Climate Change, Oxford University Press

Edenhofer, O., Flachsland, C., Brunner, S. (2011): Wer besitzt die Atmosphäre? Zur Politischen Ökonomie des Klimawandels. In: Leviathan 39(2), S. 201–221

Heede, R. (2014): Tracing anthropogenic carbon dioxide and methane emissions to fossil fuel and cement producers, 1854–2010. Climatic Change, Volume 122, Issue 1, 229–241

Howe, J. P. (2014): Behind the Curve: Science and the Politics of Global Warming. University of Washington Press

Koch, N., Grosjean, G., Fuss, S., Edenhofer, O. (2016): Politics matters: Regulatory events as catalysts for price formation under cap-and-trade, Journal of Environmental Economics and Management, Vol. 78, 121–139

Papst Franziskus (2015): Enzyklika Laudato si'. Über die Sorge für das gemeinsame Haus. Verlautbarungen des Apostolischen Stuhls Nr. 202. Online unter: http://www.dbk.de/fileadmin/redaktion/diverse_downloads/presse_2015/2015-06-18-Enzyklika-Laudato-si-DE.pdf

Stavins, R. N., Stowe, R. C. (2016): The Paris Agreement and Beyond: International Climate Change Policy Post-2020. Cambridge, Mass.: Harvard Project on Climate Agreements. (http://www.belfercenter.org/sites/default/files/files/publication/2016–10_paris-agreement-beyond_v4.pdf)

Kapitel 5:

Carraro, C., Edenhofer, O., Flachsland, C., Kolstad, C., Stavins, R., Stowe, R. (2015): The IPCC at a crossroads: Opportunities for reform, Science, Vol. 350, Issue 6256, 34–35

Edenhofer, O., Kowarsch, M. (2015): Cartography of pathways: A new model for environmental policy assessments, Environmental Science & Policy (51): 56–64

Edenhofer, O., Seyboth, K. (2013): Intergovernmental panel on climate change. In: Shogren, J. F. (ed.) Encyclopedia of energy, natural resource and environmental economics, Volume 1 (Energy): 48–56

Hulme, M. (2014): Streitfall Klimawandel: Warum es für die größte Herausforderung keine einfachen Lösungen gibt. Oekom Verlag

InterAcademy Council (2010): Climate change assessments. Review of the processes and procedures of the IPCC. http://reviewipcc.interacademycouncil.net/report/Climate%20Change%20Assessments,%20Review%20of%20the%20Processes%20 &%20Procedures%20of%20the%20IPCC.pdf

Kowarsch, M. (2016): A Pragmatist Orientation for the Social Science in Climate Policy. How to Make Integrated Economic Assessment Serve Society. Springer

Piketty, T. (2014): Das Kapital im 21. Jahrhundert. C.H.Beck

Oreskes, N., Conway, E. M. (2015): Vom Ende der Welt: Chronik eines angekündigten Untergangs. Oekom Verlag

Weber, M. (1972): Wirtschaft und Gesellschaft. Grundriss der verstehenden Soziologie. Fünfte Auflage: Mohr Siebeck

Quellen für Daten und Grafiken

BMUB (2016): «Klimaschutzplan 2050.» http://www.bmub.bund.de/fileadmin/Daten_BMU/Download_PDF/Klimaschutz/klimaschutzplan_2050_bf.pdf

BMWi (2016): *Energiedaten.* http://www.bmwi.de/DE/Themen/Energie/Energiedaten-und-analysen/Energiedaten/energiegewinnung-energieverbrauch.html

CAIT (2014): Climate Analysis Indicators Tool: WRI's Climate Data Explorer. http://www.wri.org/resources/data-sets/cait-country-greenhouse-gas-emissions-data

CDIAC (2015): Global Carbon Project. http://cdiac.ornl.gov/GCP/

– (2016): Global Fossil-Fuel CO_2 Emissions. http://cdiac.ornl.gov/trends/emis/tre_glob_2013.html

Edenhofer, O., Flachsland, C., Hilaire, J., Jakob, M. (2015): Ist unbegrenztes Wachstum in einer begrenzten Welt möglich? Le Monde Diplomatique Atlas der Globalisierung

GGDC (2010): The Maddison Project. http://www.ggdc.net/MADDISON/oriindex.htm

Grainger, C., Kolstad, C. (2010): «Who Pays a Price on Carbon?», Environmental & Resource Economics 46 (3): 359–76

IEA (2013): World Energy Statistics. Paris, France

ICE Futures (2016): ICE Futures Europe. https://www.theice.com/futures-europe

IPCC (2014a): Climate Change 2014: Impacts, Adaptation, and Vulnerability IPCC Working Group II Contribution to AR5. http://www.ipcc.ch/report/ar5/wg2/

– (2014b): «Climate Change 2014: Mitigation of Climate Change IPCC Working Group III Contribution to AR5.» https://www.ipcc.ch/report/ar5/wg3/

Weltbank (2016): World Development Indicators. http://databank.worldbank.org/data/reports.aspx?source=world-development-indicators

Register